だいわ文庫

頭のいい人は「質問」で差をつける

樋口裕一

大和書房

頭のいい人は「質問」で差をつける

▼目次

序章　頭のいい人は「質問」で得をしている

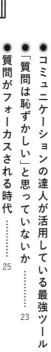

1章 有益な情報を引き出す質問

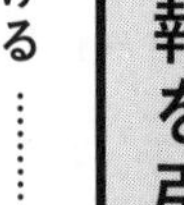

3章 信頼を獲得する質問

4章 ピンチをチャンスに変える質問

5章 人を動かす質問

序章

頭のいい人は「質問」で得をしている

◉コミュニケーションの達人が活用している最強ツール

人間が生きていく以上、人との会話を避けて通ることはできない。身近な相手との日常会話から、ビジネスにおけるやり取りまで、私たちは常に誰かと話しながら生活を送っている。だが、そうしたさまざまなコミュニケーションが苦手で、日々悩んでいる人は少なくないだろう。たとえば……

・相手の考えていることが読めず、会話の主導権がとれない
・もっと情報を引き出したいが、会話を深掘りできずに終わる
・一対一の打ち合わせや交渉ごとで、いつも言いくるめられてしまう
・何を話しかければいいのかわからなくて困ることが多い
・会って話すたびに自分の評価を下げている気がする
・落ち込んでいる人を励ましたいが、うまくいかない

自分は話し下手だからこうなってしまうのだと多くの人が思っているが、それは違う。コミュニケーション巧者は、うまく話すことよりも、コミュニケーションに便利な「あるものの使い方」を知っている。その「あるもの」によって、日々の会話が気楽になり、相手からの信頼も得られ、頭のいい人だと思われるようになる。結果として、仕事も日常もうまく回るようになる。

コミュニケーションに悩む人たちにとって、救世主となり得る「あるもの」。それが「質問」だと私は考えている。

●「質問は恥ずかしい」と思っていないか

では、質問にはどのようなメリットがあるのか。

まず、**うまく質問できれば、いい答えが返ってくる。**何かしらの情報を得たいとき、**質問がうまい人ほど精度の高い情報を得ることができる。**有益な情報でライバルに差をつける近道を行けることになる。

次に、**質問によって、相手を知ることができ、相手のニーズがわかる。**交渉や説得の場面では、質問なしに実りある対話を成立させることは難しい。質問によって相手の考えや思いがつかめるからこそ一歩踏み込んだコミュニケーションができ、距離感を詰め、労せず人を動かすこともできる。

また、質問で会話の先手を打てるため、相手の思考の枠をある程度限定させることができる。つまり、**こちらが話したい内容へとさりげなく誘導しながら会話のテーマを設定できる。**

もちろん、**雑談も怖くなくなる。**ふとした沈黙も恐れることなく、むしろそのような時間も有意義に変えていけるようになる。

今ここで挙げたのはメリットのほんの一部だ。これほどまでにポテンシャルを持つ「質問」を残念ながらあまり積極的に会話に取り入れていない人や、できれば避けたいという人がいる。

私は小論文の添削指導や話し方・文章の書き方をテーマとした講演会などで、子どもから年配の方まで多様な人たちと接してきた。だからこそ実感できるのだが、質問という便利なツールを意識的に活用している人は少数派だ。いやむしろ「質問するのは恥ずかしいことだ」と捉えている人のほうが多数派かもしれない。

質問をして、「そんなことも知らないのか」とバカにされるくらいなら、質問せずにいたほうがいいと思っているのだろう。会話を変に深掘りしてボロが出てしまうくらいなら、最初から浅い会話でお茶を濁しておいたほうが無難だという気持ちもあるのかもしれない。だが、その考えは非常にもったいないと言わざるを得ない。

本書の冒頭で確信を持って伝えたいのは、**「質問をする人は決してバカには見られない」**ということだ。バカに見られないどころか、質問をする人は間違いなく頭がよく見える。さらに、相手からの好意まで得られる。

●質問がフォーカスされる時代

これからの時代は、**質問のうまさが成功や人生の豊かさに大きな影響を及ぼしていく。今はその転換期に来ていると言ってもいい。**

ご存じのように、チャットGPTをはじめとする生成AIに注目が集まり、ビジネスで不可欠なものになろうとしている。チャットGPTから有益な情報を得るには、適切な「問い」が必要だ。漠然とした問いでは、漠然とした答えしか得られず、実生活で役立てることができない。

生成AIから精度の高い情報を得るためには、より具体的に問うことや、どんな順番で何を問うかというテクニカルなスキルが不可欠になる。また、納得できる回答が得られるまで、一人ブレインストーミングを好きなだけできるのが生成ＡＩとのコミュニケーションのいいところだが、そもそも質問を何度も多角的に重ねることができなければＡＩとの会話は成立しない。

一問一答の表面的なやり取りで終わらないためにはどう問えばいいのか、より精度と密度の高い答えを得るためには何を尋ねればいいのか。今は「どう聞くか？」がますます問われる時代なのかもしれない。

一方、生身の人間との会話では、ＡＩとの会話同様に有益な情報をもたらしてくれるのみならず、**質問によるコミュニケーションが人間関係にもよい影響を及ぼす。**鋭い質問一つで、急に相手の口と心が緩み、相手の懐にするりと入り込める。反対に、たった一つの質問がきっかけとなり、一瞬で警戒モードになって口も心も閉ざされてしまうこともある。

とはいえ、心配することはない。会話とは本来食い違いと修正の連続だ。仮に相手が不機嫌になっても、それをフォローする術となるのもまた質問の持つ力だ。

少々的はずれな質問や不穏当な質問をしてしまったと思ったら、角度を変えて質問し直せばいい。言葉を間違えたと思ったら、「もう一度質問させてください」と問い直すこともできる。誰しも失敗するのだから、恐れることはない。

鋭い質問とそうでない質問は、確かにある。しかし、質問に良いか悪いかというものさしは当てはまらない。不用意に愚かな質問をしてしまうことは誰にもあるが、**バカに見える質問をしないですむように、うまい質問の仕方を知っておけばいいだけだろう。**

最も愚かなのは、バカな質問をすることよりも、変な質問をしてしまったら恥ずかしいと、疑問を覚えながら質問をしないでいることだ。

●情報を引き出す「深掘り質問」

私がある大学の教授職にあった頃、入試の面接を担当することがあった。入試に限らず就職の面接でもそうだろうが、面接官からの質問にはある程度決まったひな型がある。「大学でどんな勉強をしたいですか？」「高校時代に力を入れたことは？」。こうしたことを尋ねると、マニュアルを参考に前もって考えてきた回答の丸暗記を、受験生は一生懸命しゃべってくれる。

ただ、それではその受験生の人となりや個性がわからない。なかには、何を答えればいいのかわからず緊張しっぱなしの受験生もいる。

そこで、「サッカー部でがんばりました」と答えたなら、「サッカーというスポーツはどんなところがおもしろいの？」「あなたがやっていたポジションの醍醐味はどんなこと？」「好きなチームはあるの？」と、**相手が自信を持って話せそうな内容に話の土俵を移し質問をしていく。**すると、多くの学生はとたんに笑顔になって話し出す。

質問のしかたによって、相手をイキイキと話させることができるかどうかが決まってしまうわけだ。

人は誰でも自分のことを話したい生き物で、表現意欲がある。自慢に思っていることが必ずある。面接ではみんな猫をかぶっているが、その皮の下には噴き出したがっている表現意欲があるのだ。そこを的確に突くことができれば、その質問がスイッチになって、相手が解放され話し出す。

水で膨らんだ水風船をバチン！　とやる感覚だ。

水風船が弾ければ、情報は大放出される。**相手の考えの方向性、心の奥にある葛藤や悩み、「ここだけの話」。**相手の表現意欲をさりげなく刺激し、気持ちよくしゃべらせながら、こちらは必要な情報を得て得をする。交渉、説得、相談、打ち合わせ、雑談。**どのような状況においても、コミュニケーションを自分の土俵へと持ち込める。**

●質問者は会話をコントロールするMC役

バラエティ番組を見ていて気づくことがある。その番組の人気MCを注意深く見ていると、おもしろいことに重要なことはほとんどしゃべっていない。「それでどうした？」「そのとき何があったわけ？」「それっていつ頃のこと？」などと、何気ない質問を出演者に重ねてエピソードを引き出している。そして、答えやリアクションを受けたうえで、さらにそれを笑いに変えるような投げかけをし、出演者の魅力を際立たせている。

つまり、**話し上手と思われている人の多くは、実は質問上手**なのだ。

お笑い芸人やタレントたちがひな壇と呼ばれる段差のついた席に座り番組を盛り上げるスタイルのバラエティ番組では、目立とうとして好き勝手に発言やリアクションをしても、収録の場は盛り上がらないし、最終的にはカットされてしまう。番組がおもしろくなるかどうかは、出演者に話を振る番組MCの采配にかかっている。そして、**采配を振るう際の最強の武器が、質問**と言えるだろう。

われわれの日常会話でも、似たようなことがある。仕事の相手との会話が心地よく、気がついたら何時間も話し込んでしまった経験はどなたにもあるだろう。「本音をしゃべり過ぎた」「相手のペースに乗せられた」と、後になって悔やんだこともあるだろう。それは、**相手が会話のMCの立ち位置を意識していた**からにほかならない。

質問とは、相手が目上であろうが、初対面であろうが、一人であろうが複数であろうが、その場の会話をさりげなくコントロールして自分に有利に采配することができるコミュニケーション技術だ。

もちろん、相手にとって話しやすい環境を整えることにも貢献するので、**会話が途切れないだけでなく、会話が盛り上がり、互いにとって楽しく、有意義な時間を過ごせることになる。**

まさに会話のMCとなるためのツールが、質問だと言える。

◉質問を口ぐせにする

目の前の相手から、聞き出したい情報があるとしよう。それが仕事上の重要なミッションである場合、「教えてください」「聞かせてください」の一辺倒になってしまいがちだ。

あるいは、相手に取りつく島もないときもそうだ。質問をすればいいとわかっていても、緊張からうまい言い方が見つからないということは往々にして起こり得る。

そんな状況に陥るのを防ぐために、日常会話で質問する習慣をつけていこう。

その助けとなるよう、本書では章ごとに**さまざまな状況に対応した質問フレーズ**

を紹介する。質問を口ぐせにできれば、質問を習慣化できる。コミュニケーション力が飛躍的にアップし、あらゆる点で得をすることは間違いない。

最後に、本書の構成を簡単に紹介しておこう。

1章「有益な情報を引き出す質問」

相手の話を正確に聞き取り、自分が得たい情報をしっかり得るためのベースとなる質問を網羅した。これらを日頃から口ぐせのようにしておくと、質問力がみるみる鍛えられる。

2章「交渉をスムースに進める質問」

仕事も日常生活も、実は交渉や説得の連続だ。この章では主にビジネスの場面を想定して、きわどい状況を解決へ導く質問の例を挙げていく。

3章「信頼を獲得する質問」

「この人と話していると楽しい」と相手が感じ、自分自身もストレスなく会話に臨めれば、そんないいことはない。何気ない日常シーンでの質問の効用をお教えする。

4章「ピンチをチャンスに変える質問」

会話が膠着・停滞したり、気まずい空気が漂うようなピンチを打開するのにも質問は大いに役立つ。いつも話が長くて辟易する相手にも、質問をうまく使えば状況の転換はたやすい。

5章「人を動かす質問」

部下や後輩のやる気を引き出したいときこそ、質問は重要な働きをしてくれる。大切な人間関係をより円滑にするためにも、もちろん役立つ。人を励ましたり、奮い立たせるコミュニケーションの秘訣を厳選した。

本書の質問フレーズを、ぜひとも実生活で試してみてほしい。

ただ、本書で紹介するのはあくまでも一例に過ぎない。シチュエーションに合わせてアレンジしながら使っていくことでおのずとトレーニングになり、知らず知らずのうちに質問力が鍛えられていく。

そのうち、自分流の質問のスタイルができていく。そうなれば、「質問は恥ずかしい」などとはもはやみじんも感じないはずだ。これまでのように、「何か話さなくては」「ネタがない！」と焦るような状況はもう訪れない。これまでが嘘のように、「何から聞こうか？」「どこまで聞き出せるかな？」と、コミュニケーションが楽しみで仕方なくなるだろう。

本書を読み終える頃には、**「質問はいちばん簡単な対話法」**だと気づいていることと思う。「質問沼」にどっぷりとハマってみていただきたい。質問を味方につけることで、新しいコミュニケーションの景色が見えてくることをお約束する。

1章

有益な情報を引き出す質問

「正確に言うと、どういう意味ですか？」

言葉の定義を確かめる質問を口ぐせにする

こんな場面で

相手から正確かつ有益な情報を引き出したいとき

こんな質問も

「私はこういう意味で使っているけど、あなたは違うのかな？」（定義）

「今どんなことが起こっているのですか？」（現象）

「将来どんな結果になると予想していますか？」（結果）

▼質問で定義・現象・結果をクリアにする

本章より、具体的な場面を想定しながら、実生活で誰でもすぐに使える「頭のいい質問」を紹介していく。

たとえば、若手のチームリーダーに対し先輩社員が、「チームをまとめるには、仕事内容の見える化が最も大切だ」と言ったとする。おそらくチームリーダーは先輩の言葉をごく自然に受け入れ、納得するだろう。先輩の言葉の中に、理解が難しいワードはないからだ。

しかし、ここで考えてみてほしい。「仕事内容の見える化」はビジネスでは使われることの多い言葉だが、具体的にどんな行動を指しているのだろうか。

日常会話でも、ビジネス上でも、**会話の当事者同士が言葉の意味合いを曖昧にしたまま話し、お互いわかった気になっていることがある。**いや、そのようなケースがほとんどと言ってもいい。それぞれが言葉を異なる意味で捉えているため解釈がずれているのだが、互いにそれに気づかない。雑談ならまだしも、仕事に関する場面では大きな問題が生じる。

そこで、次のように聞いてみてはどうだろう。

○質問「仕事内容の見える化とは、正確に言うとどういう意味ですか?」
○質問「仕事内容の見える化とは、○○という意味で合っていますか?」

こう質問すると、先輩社員のこのワードに対する「定義」を聞き出せる。
「仕事内容の見える化とは、各人がどのような仕事をしているかをクラウドなどに公開すること」、あるいは、「自分の仕事を囲い込んで秘密に一人で仕事をするのをやめること」という答えが返ってくるかもしれない。

仕事内容の見える化という言葉をわかったつもりでスルーしてしまうと、先輩社員が伝えようとしたことをきちんとキャッチできない。だが、たったひと言「正確に言うと?」と定義を尋ねることで先輩の考えを深く聞き出すことができ、その答えから視野が広がり、自分のやるべきことが見えてくる。

▼まずは「質問の3WHAT」を身につける

質問の目的は、必要とする何かしらの情報を得ることだ。それは、相手が握っているデータであることもあれば、コミュニケーションを重ねてこそ得られる本音や思惑のこともある。

情報の精度を高めるための質問のポイントとして覚えておくといいのが、「3つのWHAT」だ。

●「質問の3WHAT」
「定義」(それは何か?)
「現象」(何が起こっているのか?)
「結果」(何がその結果起こるのか?)

このなかでとりわけ重要なのは、先に説明した「定義」(それは何か?)。そもそもそれは何なのかをしっかり押さえることだ。ただ、「定義は?」とだけ尋ねるのは少々厭味に聞こえるので、ひと工夫が必要になる。

△質問「その言葉の定義は?」

○質問「僕は○○という言葉をこういう意味で使っているんだけど、あなたは違うのかな？」

このような聞き方で、「ちょっと話が噛み合わないかも……」と、相手にソフトに投げかけることができる。

▼聞きたいことが浮かばないときの助けになる

「質問の3WHAT」の「現象」は、今まさに直面している問題や状況を尋ねる問いだ。先の例で言えば、

○質問「仕事内容が見える化されていないことによって、どんなことが起こっているのですか？」

となる。「どんなことが問題になっていますか？」と質問すれば、成果だけでなく課題も聞き出せる。

続いて、「質問の3WHAT」の「結果」は、将来についての予想や展望を明らかにする質問だ。

○質問「仕事内容の見える化がうまくいけば、今後どんな結果がもたらされるのでしょう？」

こう投げかけることで、相手の視野が広がり、未来へ向けての話し合いがしやすくなる。

質問は、まず自分が気づいたことや知りたいと思ったことを聞けばいい。だが、何か言うべき状況なのに何も思い浮かばないときは、**この「3WHAT」の順序で質問する**ことを覚えておけば多くの場面で役立つだろう。

「キーワードは何を指している？」「何が起こっている？」「今後どうなることが考えられる？」。これらのフレーズが口ぐせになるくらい馴染ませ、コミュニケーションの中で使えば使うほど質問が上手になっていく。

■1-2 聞くべきことをもらさず聞く

「それはどんな理由で、いつから起こっている？」

会話中に次々と湧く疑問は質問で解消する

こんな場面で

テーマを掘り下げて聞きたいが、相手の話が曖昧なとき

こんな質問も

「その背景、原因は何ですか？」（なぜ）
「海外ではどうなのですか？」（どこで）
「以前はどうだったのですか？」（いつから）
「方法として何が考えられますか？」（どうすればいいか）

▼欠けた情報のピースを補うための質問

ある情報が頭の中にしっかり収まるには、納得感が必要だ。「なるほど」と納得したときに、得た情報は生きた知識となり、仕事や日常生活の場面で活用できるようになる。

しかし、相手の話がどこか曖昧だったり、変に偏っていたり、特定の何かを意識的に避けているようなときは、きちんと聞いていればいるほど頭に「?」が浮かぶ。

このようなとき、その「?」を解消してくれるのがこれからお話しする「3W1H」の視点だ。

●「質問の3W1H」

3Wの「WHY・理由（なぜ?）」
3Wの「WHERE・地理（どこで?）」
3Wの「WHEN・歴史（いつから?）」
1H「HOW・対策（どうすればいい?）」

これは前項で紹介した「3WHAT」同様に、**聞き出す情報の精度を上げる質問**で、「3WHAT」に続いて「3W1H」を一つひとつ聞いてもいいし、「?」と感じた部分をピンポイントで聞いてもいい。前項の「仕事内容の見える化」で例を挙げてみよう。

○質問（WHY・理由）「仕事内容の見える化はなぜ大切なのですか?」
○質問（WHERE・地理）「先輩が前にいた部署ではどうでしたか?」
○質問（WHEN・歴史）「クラウドを使った仕事内容の見える化をうちの部署はいつから始めたのですか?」
○質問（HOW・対策）「仕事内容の見える化をさらに強化するために、どんな新しいシステムの導入が役立つでしょうか?」

▼テーマを掘り下げる質問は好評価

このように、理由・地理・歴史・対策の「3W1H」の視点を持っていると、必要な情報をもらさず聞き出すことができる。

たとえば、「新商品の開発が必要だ」という意見に反対のスタンスで、「既存の商品の営業戦略を練り直して売り伸ばすべき」と考えるとき、「なぜこの時期に新商品の開発が必要なのですか?」「同業他社はどんな状況ですか?」「前期の商品開発の成果はどうだったのですか?」「人手不足の現状で、どうすれば新商品開発にマンパワーを割けますか?」という具合に深掘りしていけるわけだ。

質問をするうちに、相手の考えの曖昧な部分が見えてくれば、それを逆手に取って自分の主張を有利に展開できるだろう。また、質問を重ねるうちに、自分が相手の主張のどんな点に引っかかっているのかも見えてくる。そうなれば、ピンポイントでその点をさらに聞いていけばいい。

前項の「3WHAT」とこの「3W1H」は、思考を深めるトレーニングでもあるので、**これらの視点を意識して話を聞いていると、欠けている情報のピースにすぐ気づけるようになる。**

相手が提供する情報がそもそも曖昧なとき、会議が停滞しているとき、**「3WHAT」と「3W1H」の視点から質問をすれば、「大事なところをうまく尋ねたな」と一目置かれる**ことは間違いない。

■1-3 論点を明確にする

「○○の□□についてどうお考えですか？」

大雑把な問い方はいったん封印して、具体的に聞く

こんな場面で

相手の考えを知りたいとき。漠然と尋ねて空振りで終わりたくないとき

こんな質問も

「○○の□□という問題が起こっている理由は何だと思いますか？」

「会議がいつも1時間以上長引くのはなぜだと思う？」

▼「何が聞きたいの？」と思わせた時点で失敗している

答えやすい問い方と答えづらい問い方がある。答えづらいケースの多くは、質問が大雑把で漠然としていることが原因だ。

一緒に映画を鑑賞した後「どうだった？」と聞かれるのは、大雑把ではあるがそれほど答えづらくはないだろう。同じ体験をした直後だから、テーマがはっきりしている。しかし、仕事仲間から「今日、どうだった？」と聞かれたら戸惑うのではないだろうか。「どうって……、さっきのプレゼンのこと？　それとも部長の機嫌のこと？」というふうに、「何を答えればいいのだろう？」と思ってしまう。

質問に良い・悪いはない。とはいえ、**相手に「何が聞きたいの？」と思わせてしまったら、それは良い質問とは言えない。**

大雑把に「どう？」と聞くのは、相手に自由に考えてもらいたいときや、こちらが答えをまったく予測できないとき、会議ならば自分が主導権を握らず誰かに任せたいときには役立つ。しかし、このような質問は、問われた相手に負担がかかることを覚えておく必要がある。間柄やシチュエーションにもよるが、いつも「どう？」**と丸投げしていると、思わぬところで評価を落としている可能性がある。**

そこで大切になるのが**具体的に聞くことだ。**

△質問「会議の進め方についてどう思う？」
○質問「会議がいつも1時間以上長引くのはなぜだと思う？」

△質問の「会議の進め方」という漠然とした内容を、○質問のように「1時間以上長引く」として、時間という具体的な要素を盛り込むと相手は答えやすい。自分が知っている情報や自分の考えを答えればいいとわかるからだ。

▼具体的な質問の後なら、「どう思う？」も機能する

つまり、具体的な質問とは質問者が回答の範囲を設定できる問いで、**自分が議論を望む方向に相手を誘導できる**メリットがある。会話の続きの一例を挙げよう。

答え例「1時間以上長引くのは会議で初めて資料に目を通すからじゃない？」
○質問「そうだよね。資料提出期限って、以前は前日朝だったたって知って

た？」

答え例「知らなかったよ。いつから変わったんだろう……」

○質問「そもそもさ、会議の進め方についてどう思う？」

相手の答えから「資料」という具体物が出され、それを受けて「提出期限」「以前の状態」と具体的な質問を重ねることで話を深掘りできる。このとき、先に紹介した「3WHAT」や「3W1H」の視点を意識すれば質問が尽きることはない。

そして、この例からもわかるように、**具体的に聞いた後のまとめ的な質問としてならば、「どう？」もうまく機能する。**

さまざまな分野の超一流を取り上げるドキュメンタリー番組の終盤で、「プロフェッショナルとは？」という質問のテロップが流れる。〝プロフェッショナル的〟な質問は、確かにかっこいい。だがあれは、登場人物の人となりや功績を紹介したうえでの問いだから説得力があるのだ。

「どう？」「○○とは？」などの質問は、日常では会話ののっけからではなく、できればまとめ的に使うのが無難と言えよう。

「確かに○○と言えます。しかし□□とも考えられるのでは？」

異論は、いったん相手の主張を褒めてから質問スタイルで示す

こんな場面で

相手の発言の問題点をソフトに指摘し、互いの視野を広げて論理的に議論したいとき

こんな質問も

「もちろん賛成です。ただ、反対する人もいるのでは？」

「なるほど素晴らしいアイデアですが、予算源の確保は？」

▼頭のよさを印象づける質問の万能構文

相手の言っていることに納得できなかったり、相手の意見に反対したいとき、「いや、それはおかしい」「私はそうは思わない」などといきなり主張してしまうのは損だ。たとえ相手が明らかに間違っていても、頭ごなしに否定するのはとても下手なやり方だと思っておいたほうがいい。

実は、相手の言い分を聞いたうえで、鋭く問題点を突き、喧嘩腰になることなく、**質問の形をとりながらスマートに主張できる方法**がある。

×質問「そんなアイデアに若手社員が乗ってくると、本気でお考えですか?」

○質問「確かに非常に魅力的なアイデアです。しかし、その方法は若手社員には難易度が高そうだと思いませんか?」

○質問のように「確かに」の後で相手の意見をいったん認め、「しかし」で切り返して自分の主張を述べる「確かに〜しかし〜」をうまく使って質問すれば、**頭のよさを印象づけつつ、自己主張しながら対話を進めることができる。**

▼質問するたびに賢くなれる

私は長年、大学受験の小論文指導に携わってきた。その経験から、言いたいことがあっても論理的に文章化できない子を合格レベルへ引き上げる大きなカギとなるのが、「確かに～しかし～」の構文をマスターすることだと確信している。

小論文に限らずビジネス文書でも短いメールでも、自分の主張を一方的に述べただけの文章では読み手を説得できない。**人を納得させられる文章には、必ず複眼的な思考が含まれている。**簡単に言えば、自分以外の立場の人へ意識を向け、自分の思い込みを再考する視点のことだ。この視点を具体化したのが、「確かに～しかし～」の構文なのだ。

この「確かに～しかし～」は、会話でも応用可能だ。「確かに～しかし～」の視点を持って会話をすることで、相手に反論したいときも角を立てずに質問できる。

○質問「確かに○○と言えます。しかし□□とも考えられるのでは？」

そして、こう質問するに当たり、「しかし～」以降を自然に頭の中で考える。この作業は、「自分が反対だと感じる理由」や「自分の主張に欠けている点は何か」を見つける思考トレーニングになる。だから当然ながら議論は深まり、相手からも有益な情報を引き出すことができる。

何よりいいのは、相手の主張をいったん認めた後、目の前で瞬時に鋭く切り返せる点だ。相手が主張の甘さや論理の破綻を自覚している場合、「そこを突いてきたか！」とおののくだろう。短いやり取りであっても、頭のよさを印象づけることができるというわけだ。

「確かに～しかし～」の構文は、

・目上の人にソフトに反対意見を主張し、議論を深めたいとき
・失敗して落ち込んでいる部下や後輩を励まし、一緒に対策を検討したいとき
・相手の機嫌を損ねずに注意、叱責する必要があるとき

といった、日常のさまざまな場面で活用できる。

「○○とはそもそも□□であるべきですよね？・でも現状はそうなっていないのでは？・（だから私は△△と考える）」

思考の「三段階展開」で、相手の主張が本来の理想的状態から逸れていることに気づかせる

こんな場面で

相手の発言の根拠が薄いとき。論理の飛躍があるとき

こんな質問も

「○○の理想的なあり方は□□ですよね？　それに対しておっしゃる通りにすると××ということになりませんか？（だから私は賛成だ・反対だ）」

▼「三段階展開」の質問で切り込む

人は何かを判断するとき、無意識のうちに本来の理想的な状態と比べている。理想的なあるべき状態に対して、今が良いと思うか、悪いと思うか比較をしたうえで判断し、意見を述べている。言い換えれば、**人が「これは良い」「これは良くない」と考えるときには必ずその理由がある。**

だが、日常会話ではその点が曖昧に流れていってしまう。

自信満々に自説を述べている人の話をよく聞くと、その理由が「私の経験では」「これまでのわが社の歴史から言って」「人気ユーチューバーによると」といった、自分が見聞きした範囲の情報に限定されていることがよくある。それでは議論を発展させる余地はないのだが、当の本人はそれこそが主張の根拠だと信じており、視野狭窄に陥っていることには気づかない。

しかし、その相手と仕事の話を詰めなければならないのであれば、なんとかしてまともな議論ができる状態にしなければ時間の無駄になる。このようなときは、**「そもそも」に立ち返るように仕向ける問いかけで、自分の土俵に引き込むに限る。**

▼理想を示して翻意を促す質問スタイル

たとえば、どのようなプロジェクトも部署単位での活動しか認めないという会社の社員だとする。精力的に活動したい人にとっては、非常に窮屈な状態だ。「これがうちの伝統だから」の一点張りの上司に掛け合い、自由な活動を認めてもらうにはどんなアプローチが効果的だろうか。

○質問「会社とはそもそも、多様な人間の可能性を最大限に引き出す場であるべきではないですか？　なのに、いつも固定メンバーでの活動しか許されない現状は社員の可能性をつぶしていると言えるのではないでしょうか？（だから、私は部署や社内外の垣根も越えプロジェクトごとに人を募る進め方を希望します）

まず、「そもそも」の後に会社の**本来あるべき理想の姿**を示し、それに続いて現状との比較を質問として投げかけ、そして最後にカッコ部分のように**自分の考え**を述べる。「そもそも」の姿と現実の差は実際にあるわけだから、問われたほうは小手先の返答では切り抜けられないことを悟り、再考せざるを得なくなる。もちろん、自分の主張がすぐさま受け入れられるとは限らないが、少なくとも相手の思い込みを解き、議論を深めるきっかけにはなる。まとめると次のようになる。

そもそも○○は□□であるべきではないか？（↓理想の姿を示す）
しかし、（現状は）そうではないのでは？（↓現状との差異について問いかける）
だから、△△と考える。（↓自分の考えを示す）

ポイントは、「そもそも」の後に誰もが納得し、イエスと答えたくなるような質問をできるかどうか。「プログラミング教育とはそもそも、論理的思考力や創造性、問題解決能力などの育成を目指すものであるべきですよね？」「介護とはそもそも、人間と人間のコミュニケーションが基本ですよね？」と、今起こっている問題の理想的な姿を示して賛同を得ることで、こちらの考えが相手に伝わり、議論を深めることができるだろう。

この質問は、相手の論点が飛躍しているのを修正したいときにも有効に働く。

「それはつまり、○○ということですね？」

相手の説明の不足部分を「先回り」して要約し、問いかけることで飲み込みの早さをアピール

こんな場面で

相手についての情報があり、考えや主張がわかっているとき。または、その場で相手の考えや主張を理解したことを示したいとき

こんな質問も

「それはつまり、持続可能性を最優先するということご主張ですね？」

「それはつまり、ガバナンスを見直せという指示ですね？」

▼「自分はこう理解しました」を示すクレバーな問い方

「一を聞いて十を知る」という言葉があるように、飲み込みの早い人がいる。そういう人が意図しようがしまいが頭のよさが滲み出てしまうのが質問だと、私は考えている。

仕事柄さまざまな取材を受けるが、なかでも多いのが「樋口式小論文の型」をテーマにしたものだ。記者の方の多くは、私の著書やこれまでの活動を前もって調べたうえで来てくれる。だから、「樋口式小論文の型」についてひと通り理解しているケースがほとんどだが、なかでもできる人は、

○質問「それはつまり、○○ということですね?」

という質問フレーズをよく使う。樋口式では、「問題提起」「意見提示」「展開」「結論」の四部構成で小論文を書くことを勧めており、とくに「意見提示」の部分で先にもお話しした「確かに〜しかし〜」の構文で説得力を持たせるよう指導している。それを素早く理解して、

○質問「意見提示部で『確かに～という反対意見もある、しかし私はこう考える』と示すことで、つまり自分の意見には、反論を踏まえたうえでの客観的な視点があることを主張できるというわけですね？」

と要約して質問されると、「お、よくわかっているな」と感心する。私がこれから詳しく説明しようとしていたことを含めて先回りして要約してくれるので、対話がテンポアップして心地よい。しかも、この質問で相手が肚落ちしていることが端的に伝わるため、こちらとしても信頼できる。

▼要約質問で「一問一答」以上の成果を手にできる

初対面の人に仕事で面会するとき、相手のことを調べていくのは最低限の準備であり礼儀だ。自分の手元には相手に関する情報がすでにあるわけだから、相手の話をよく聞いて流れを合わせながら**「自分はこう理解しましたよ」と要約して示し、質問する。**相手に関する予備情報がなく初めて話を聞いてそれができたら、もっと頭のよさを示せるだろう。

要約をしながら相手の話を聞くくせをつけておくと、単なる一問一答のやり取りにとどまらない対話ができる。相手を、もう一歩踏み込んだ情報を教えようかという気にさせることもできるだろう。

○質問「それはつまり、持続可能性を最優先するというご主張ですね？」
○質問「それはつまり、ガバナンスを見直せという指示ですね？」

飲み込みの早さは生まれつきのものだと思われているが、本当は誰でも身につけるチャンスがあるのではないだろうか。質問をうまく使えば、少なくともピンポイントのタイミングでそのように見せることは可能だ。

ただし、「それはつまり……？」と聞いた後、「ああ……それもあるかもしれませんね」「それには気づきませんでしたが……」と素っ気なく返ってきたら、相手は見当はずれであることをやんわり伝えているかもしれない。熟慮のうえ用心して使う必要がある。自信がない場面で見栄を張るようなことは、しないに限る。

「一体何がきっかけで（今のポジションにまで）？」

過去に焦点を当てる質問で、相手が自身のストーリーを語りたくなる

こんな場面で

相手自身の経験やエピソードを詳細に聞き出す必要があるとき。とにかく相手にたくさん話してもらいたいとき

こんな質問も

「その逆境からどのような経緯で大逆転に？」

「○○さんのヒストリーの序章というわけですね？」

▼質問で相手の「話したい欲求」を刺激する

仕事上の重要人物との面会で、相手からじっくり話を聞き出す必要があるとしよう。聞きたい情報をもらさず聞き出せるか、気持ちよく対話に応じてくれるか、相手が無口で途中で沈黙が続いたらどうしよう……などと考えて緊張するものだ。そのような状況下で思い出してほしいのは、「人は誰でも自分のことを話したい生き物だ」という事実だ。

手強い相手との対話では、**相手の「話したい欲求」を質問でいかに刺激するかが大きなポイント**になる。刺激すると言っても、ただ単に相手をおだてまくったり、「すごいですね！」「さすがですね！」などと褒めちぎったところで、相手が論理的な思考の持ち主であればあるほど会話は噛み合わなくなる。

相手の「話したい欲求」を刺激するうまい質問とは、**相手に気持ちよく自慢させる質問**だ。質問者は会話のMCと先にお話ししたが、そのスタンスに立ったつもりで相手の「自慢の水風船」をバチンとやるわけだ。具体的には次のように聞いてみる。

○質問「一体何がきっかけで、○○さんは誰も思いつかなかったこの事業を成功させることができたのですか？」

ポイントは「きっかけで」のひと言だ。このように聞かれると、たいていの人は時間軸をさかのぼって話してよいのだなと捉える。しかも、この質問者は自分のことを知りたがっているのだなと好感を抱くだろう。

▼「きっかけ」を問うことでウィンウィンに

きっかけを聞けば、今に至るまでの時代背景やなぜそのようなことが起こったのかという理由も語られていく。仮に相手に関するある程度の情報を得て面会に臨むのなら、きっかけから話してもらうことで、点で集めたそれらの情報が線でつながって整理され、ひとまとまりになる。

こちらにとっても大きな収穫があるうえ、相手にとってもたっぷり話せた満足感としっかり伝えられた安心感が残る。質問によって、双方によいコミュニケーションがもたらされるというわけだ。

○質問「その逆境からどのような経緯で大逆転に至ったのですか？」

○質問「どなたかとの出会いがエポックメイキングとなって起業を決意されたのですか？」

○質問「今のエピソードは○○さんのヒストリーの序章というわけですね？」

相手から多くを引き出すためには過去に焦点を当て、相手がストーリーを語りたくなるような質問をすることがとても重要になる。これは何も相手が偉い人や目上の人のときばかりではない。日常会話でも同様だ。**こちらの質問によって相手が「自己アピールの時間をもらえた」と感じてくれれば、想定以上の情報が得られる可能性がある。**

質問を口ぐせにするというのは、質問魔になるのとは違う。いくら質問を重ねても、それが相手の「話したい欲求」に訴求するものでなければ、無機質な一問一答で終わってしまい、会話は続かず、知りたいことも得られず、相手との距離も近づかないことは覚えておこう。

「……と言いますと？」

抽象と具体を自在に行き来する質問で話がクリアに

こんな場面で

「具体的にわかりやすく言って」「抽象概念がわかるようにまとめて」をソフトに伝えたいとき

こんな質問も

「世知辛い……と言うと？」

「ボールペン1本のために経理課へ……と言うと？」

▼抽象には具体、具体には抽象を問う

今の世の中、知らないことはスマホですぐに調べられる。かなり前のことだが、会議中に「ステークホルダー」「ローンチ」といったビジネス用語がわからず、こっそり調べてことなきを得たことがある。

知らないワードをそのままにしておくと会議の内容がわからなくなるため調べるが、日常会話ではどうだろう。相手の言葉に多少の疑問を感じていてもわかった気になっていたり、相手が反応してほしいと思って話している箇所にうまく突っ込めずスルーしてしまうようなことは、頻繁に起こっているのではないだろうか。

たとえば、会話の相手が「最近、本当に世知辛いよな……」とつぶやいたとする。「世知辛い」の意味はわかるとしても、相手は何を言いたいのか。そんなときは、次のように聞いてみる。

相手「最近、本当に世知辛いよな……」
◯質問「世知辛い……と言うと？」

「世知辛い」というのは、抽象的な表現だ。それに対しこのように「……と言うと？」と問い返すことは、「何がそう思わせたのですか？」と問いかけることになる。つまり、「具体的に聞かせて？」と聞いていることになる。すると、相手は「うちの会社、消耗品のボールペン1本でも申請書が必要になったんだよ。一般企業なら、ストックから自由に使えるのが当たり前だと思っていたのに」などと、自分が世知辛いと感じた具体的なエピソードを話しやすくなる。

「世知辛いよな……」は、思わず出た愚痴なのかもしれない。そこへ「……と言うと？」と問うことで、相手の話しやすさを促すことができるというわけだ。反対に、相手が具体的なエピソードを語る場合は、その発言の主旨を問う質問をする。

相手「ボールペン1本のために経理課へ行かなくちゃいけないんだよ」

○質問「ボールペン1本のため……と言うと？」

相手「文具一つにも申請書が必要になってね。今後ますます経費削減が進んで、世知辛くなるよな……」

「ボールペン1本のために経理課へ行く」という個別具体的な事例に対し、「……と言うと？」と尋ねると、**「つまり言いたいのはこういうことだよ」**と、まとめる作用を促すことができる。相手に自分の発言を抽象化してもらえるわけだ。

▼質問で相手の思考のスイッチを入れる

会話に具体例は必要だが、「○○をしました。□□もしました」と個人的な体験を羅列して終わる小学生の作文のような話を聞いているだけでは、相手が考えていることがつかめない。**相手が具体例を述べたら必ず「……と言うと？」と質問して、「つまり○○ということだ」のように抽象的なレベルまで話を深める。**

他方で、「仕事はチームワークが大事」「ビジネスは広い視野で」と抽象的な話に**終始している場合は、具体例を引き出す質問を投げかける。**

このように、会話は具体と抽象を行きつ戻りつしながら深まる。相手の話が今ひとつ腑に落ちないときは、「……と言うと？」と問えば、わかりやすい具体例を探したり、言いたいことの概念をまとめようとするなど、相手の思考のスイッチを入れることができる。質問一つで、相手の話がクリアになる。

「デメリットは何ですか?」

不利な情報は質問しなければ顕在化しない

こんな場面で

「聞かれなければ言わずにおこう」と相手が考えていることを引き出したいとき

こんな質問も

「○○だとした場合、どんな問題が起こりそうですか?」

「そんなに簡単な手続きで完了とは、セキュリティ面が弱点では?」

▼相手は何を「言っていない」かに注目する

商品を売り込む際のセールストークは、その商品の優れた点をいかに伝えるかがポイントだ。トークがうまければうまいほど、最初はそれほど必要とは思っていなかった商品が魅力的に思え、今手に入れなければ損だとさえ思うようになる。

私は以前、当時人気だった乗馬形式の健康器具を購入した。手軽に運動不足を解消できるという謳い文句に惹かれたのだが、使い始めてすぐに、長く乗っていると腰痛がひどくなることに気づいた。購入の際、「腰痛持ちが使っても不都合はないか？」と、確認することをすっかり忘れていたのだ。

人は、自分に都合の悪いことは話さない。日常会話でもビジネスでも、自分の立場がまずくならないよう、いい面だけを強調したり無難な内容を無意識に選んだりしながら話している。「聞かれなければ言わずにおこう」と相手が考えていることが、まさに自分が知りたいことならばどうなってしまうのか。大事な情報を聞き出せないだけでなく、相手の思惑にまんまとはまってしまうことになる。

しかし、相手が黙っているつもりだったことを突っつくうまい聞き方を心得ていれば、そのようなことはなくなる。そこでポイントになるのが**デメリットに焦点を**

当てる質問だ。

○質問「とてもいいお話ですが、デメリットも教えてもらえますか？」

商品なりサービスに魅力的なメリットがあるということは、そのメリットを生むために生じたデメリットがあるはずだ。たとえば、史上最小のコンパクトさが売りだが、その分機能が割合されたような場合、

○質問「コンパクトというメリットのために生じたデメリットは？」

と切り込む質問で、相手が言わずにいたかった機能に関する情報を引き出せる。

▼不利な情報を問えばベストな判断ができる

相手が話した内容の中にまだ触れられていない側面があることに気づいたときは、「これについてはどうお考えですか？」と具体的に聞く。

○質問「そんなに簡単な手続きで完了とは、セキュリティ面が弱点では?」

デメリットの伝え方を前もって準備できている相手であれば、逆に「待ってました」とばかりに質問に答えるだろう。そうなれば、会話は実りあるものになる。逆に、おどおどして言葉を濁すようなら、指摘した点についてまったく考えが及んでいないのかもしれない。マニュアル通りの説明では納得できないことを伝え、再考や改善を求める必要がある。

人生のときどきで、まったく未知の分野について勉強し打ち合わせをする必要に迫られることがある。家のリフォームをするなら設計事務所と、相続が発生すれば税理士や公認会計士と、投資を始めるならファイナンシャルプランナーと。

そのようなときに判断材料を集めるためにも、**デメリットを聞く質問を頭に入れておくと損せずに済む。**そのためには、まず「**よく聞く**」ことで欠けたピースを見つけるのが前提となるのは言うまでもない。

■1-10 異議申し立て

「ん？」

「その解釈は本当に正しいのか？」という疑問を封じず質問に変える

こんな場面で

提供された情報をもっと検証したいとき。精査する必要があると感じたとき

こんな質問も

「（本当に）そうかぁ？」

「もう一度説明してもらえますか？」

「……（相槌を打たない）」

▼短いリアクションで疑問を示す

自分が投げかけた問いに対する相手の受け答えによって、私たちは相手の知性をはかっている。こちらが知りたいことにズバリと答えたうえで、さらにそれに情報を上乗せして返してくれるような場合、相手に絶大な信頼を寄せることができる。

だが、こちらが真剣に尋ねているのに相手がはぐらかすようなことを言ったり、知らないことをいかにも知っているかのように振る舞ったとしたらどうだろう。あるいは、相手が話す内容に疑問が生じたときもそうだ。不安や疑問をそのままにせず、相手に問うことが必要なときもある。

たとえば、ライバル会社の新商品視察を後輩に頼んだとする。報告すべきことはたくさんあるはずだが、「いい商品だと思いました」などときわめて主観的で子どもっぽい感想を述べて終わったとしたら、それでは報告になっていないと伝える必要があるだろう。そんなとき、「どんな商品だった？」「どんな点がいいと思ったの？」と手取り足取りの教育的質問を投げかける前に、

○質問「ん？」

とだけ返してみる。家族や友人との日常会話ならば、

○質問「(本当に) そうかぁ?」

と聞く方法もある。この短いリアクションが、「あなたの答えに私は疑問を感じる」ということを気づかせるきっかけになる。つまり、**異議申し立てをする**わけだ。

このように返されると、答えたほうはもう一度考え直さなくてはならなくなる。

たとえ相手が目上であっても、発言に対して「**その解釈で合っていますか?**」「**正確な情報を伝えてくれていますか?**」という疑問を感じたときは、物言いをつけるべきだろう。

▼ソフトな抗議にも「ん?」は有効

○質問「ん? もう一度説明してもらえますか?」

このように「ん?」に付け足して聞けば、相手に対してソフトに抗議できる。自分の理解が悪くて申し訳ないというニュアンスが加わり、物言いをつけていることのカモフラージュにもなる。

この質問の効用がわかっていれば、相手の発言内容から生じた疑問や違和感をそのままにせずに済む。違和感の理由がつかめない状態でも、「ん?」「(本当に)そうかぁ?」と短く問う方法を覚えておくだけで、コミュニケーションを有益なものにしていける。しかし、あまり頻繁にこれをやると鬱陶しがられる可能性があるので、心の中の口ぐせとしておくだけでも十分だ。

相手の発言にまったく同意できない場合は、

○質問「……(相槌を打たない)」

というノーリアクション対応も一つの手だ。無言の異議申し立てほど、相手が堪えるものはないだろう。

2章

交渉をスムースに進める質問

「お名前は何とお読みしますか？」

最初は相手の口を開かせる、ごくありきたりな質問から

こんな場面で

ビジネスの名刺交換の後、スムースに会話を始めるきっかけを作りたいとき

こんな質問も

「ユニークな部署名ですよね。最近新設されたのですか？」

「御社のエントランスにはいつも絵画が飾ってあるのですか？」

▼質問で出会いの印象をアップ

日常の中に交渉の場面は多い。ビジネスに限らず、夕飯に中華を食べたいとき和食派の友人をうまく説得するのも交渉と言えば交渉だ。

実は、主に**交渉が必要な場面でのコミュニケーションこそ、質問の出番**と言える。本章では、ビジネスシーンを想定して事例を挙げていく。

まず、仕事相手と初めて会う状況を考えてみよう。初対面の相手との面会は誰でも少なからず緊張するものだが、それは相手も同じだろう。だからと言って、こうしたシチュエーションで、相手が口火を切ってくれるのを待っているのはもったいない。たとえば、名刺交換のときには次のようなことを尋ねてみるといい。

○質問「お名前は何とお読みしますか？」
○質問「ユニークな部署名ですよね。最近新設されたのですか？」
○質問「素敵なロゴですね！　社長がデザインを？」

名刺を見て質問するのは一般的なビジネスマナーだが、最初はごくありきたりな内容でかまわない。**大事なのは、こちらから尋ねて相手に口を開いてもらうことだ。**質問することで、「あなたのことを教えてほしい」というメッセージを伝えられる。たったこれだけのことで、面会をスムースに始めることができるし、場合によっては場の空気を支配できる。

反対に注意したいのは、のっけから本題に入ってしまうことだ。名刺交換を終えるなり、「こちらが弊社の資料です」「メールでお尋ねの件ですが、結論から申し上げますと……」などと話を始めると、相手は口を開く機会を失ってしまう。

この手の人は、自分が積極的に話すことで会話の主導権をとれる、できる人だという印象を与えることができる、とカン違いしているのかもしれない。あるいは、ただ単に質問をうまく使う方法を知らないだけなのだろう。

▼会話の助走には相手のことを聞くのがベスト

初対面の状況でコミュニケーションをうまく進めていくには、意気投合するための助走の時間が必要だ。その助走に欠かせないのが質問と言える。

仮に、出向いた取引先で、想定外の人物と一対一の面会になったとする。アポイントを取った相手は課長だったが、打ち合わせの場に現れたのは初対面の若手部下ということはままあるシチュエーションだ。

こうしたときでも、**コミュニケーションの助走に質問をする**という心の準備ができていれば、目の前の相手にフォーカスした問いかけがスッと口をついて出る。

相手「うちの部署でトラブルがありA（課長）が対応に向かいました。わたくし、Aの下で仕事をしておりますBです。代理でお目にかかります」

○質問「初めまして○○です。A課長、大変でしたね。BさんはA課長が本社に戻られてからずっとご一緒なんですか？」

相手は、「下っ端が出てきて不満だろう」と不安を感じているかもしれない。たとえ有能な人であっても、「しくじってはいけない」と気負っている可能性がある。

そんな**相手の不安や気負いを、最初の質問が緩和してくれる。**確信があるなら「もしかしてBさんは年始の○○社創立記念パーティにいらしていませんでしたか？」などと具体的に聞けば、互いの初対面の緊張を解くことができる。

■2-2 関係性を構築する

「パーティの挨拶って、どうしても長く感じません？」

マイナス面を共有する質問で、仲間意識を醸成させる

こんな場面で

知り合いのいないパーティで誰かと名刺交換したいとき。同業他社の会合で気になる存在とお近づきになりたいとき

こんな質問も

「この会場、駅から遠くて迷いませんでしたか？」

「随分小ぢんまりしたパーティですよね？」

▼観察眼を生かした質問で自然な声かけがかなう

コミュニケーションに自信がない人がとくに苦手なのが、知り合いのいないパーティや会合ではないだろうか。どうすれば、見ず知らずの人にも気軽に声をかけられるのかわからず、アクティブな人たちを眺めながらいつも壁の花で終わってしまう人も少なくないだろう。

確かに、不特定多数の人間が集う場所で、初対面の人と関係を作るのは人によっては簡単ではない。ただ、話しかけられるのを待っていたのではせっかくの出会いのチャンスを逃してしまうかもしれない。そこで、自分からアクションを起こすためのコツをお伝えしていきたい。

まずは**気負わず、目に見える物を会話の材料にしてみる。**

○質問「珍しい色のスマートウォッチですね？」

もちろん、スーツやシャツ、鞄、靴など何でもいい。唐突に思われても大丈夫だ。質問の後に、「いや、今購入を検討中でして。素敵だなと思いましてね」と、フォローのひと言を付け加えれば、質問した理由が相手に伝わる。「同じ型を実は持っていて」「最近、ネットで似た感じの物を見つけたばかりで」など、いろいろなフォローができる。このような言い方なら自然に声をかけられる。

▼質問なら小さな不満の共有が気楽な雑談に

さらに上級テクニックだが、次のような問いかけも相手との距離を縮めるのに役立つかもしれない。

○質問「パーティの挨拶って、どうしても長く感じてしまいません？」
○質問「この会場、駅から遠くて迷いませんでしたか？」

見知らぬ人同士でも趣味嗜好が似ていると、それがプラスに働き、とたんに意気投合しやすくなる。共通要素が人と人の距離を縮めてくれるわけだが、その要素はプラスの内容に限らず、マイナスな内容でも同様の作用をする。この二つの例のように、あえてマイナス面を口にしてみることで、「ほんとに、あの挨拶の時間でゲームの3面くらいクリアできましたよ」「私も方向音痴なので2回も人に聞いちゃいました」といった、相手のぼやきや愚痴を誘えるわけだ。

ぼやきや愚痴は、本来、仲間内だからこそ安心して口にできる。逆に言えば、そうしたマイナス面を言い合えるから仲間意識が強くなる。**初対面同士でも、質問のスタイルを取れば、小さな不満の共有が気楽な雑談になる。**会話のハードルが下がり、自然な会話として成立させることができるのだ。

もちろん、相手をよく見たうえで、この質問をしても大丈夫かどうか見極める必要はある。相手が、主催側の関係者の可能性もあるからだ。挨拶の最中にあくびをしていたとか、自分と同じように開宴ギリギリに受付していたといった様子を見ていたなら、声をかけてみるのがよいだろう。

コミュニケーションが上手な人はもともと話題が豊富だから、話すことに困らずおじけづくこともないのだと思っている人がいる。だが、それだけが理由ではない。相手や場の様子をよく見て、今どんなことを投げかければ相手が心を開くかを真剣に考えていることが、差になって現れているのだろう。**観察する目を持ってみると、質問は意外とたやすく**思いつくかもしれない。

「ベートーヴェンの第九のCDを300枚持ってるんですって？」

相手が事情通である事柄を入念に下調べしたうえで、具体的に褒めて自慢を引き出す

こんな場面で

面会相手について前もって調べられるケース。仕事で担当を引き継いだ後の初回顔合わせ時など

こんな質問も

「去年、5社の新契約を取ったんですって？」

「○○分野の新業態は□□さんが中心に開拓されたそうですね？」

▼交渉に強い人が話す前に準備していること

相手がどんな立場の人であれ、会話をスムースに進めながら自分の要求をしっかり通し、しかも最終的に相手を味方につけてしまう。そんな人にたまに出会う。

以前、クラシック音楽関係の取材を受けたときのことだ。私はクラシック音楽愛好家で、関連書籍を書いていることもあり、世界的な音楽祭が日本で開催される際のアンバサダーを引き受けていた。そのようなこともありメディアの取材をよく受けるのだが、その取材の記者は挨拶もそこそこにこんな質問をした。

○質問「ベートーヴェンの第九のCDを300枚お持ちなんですって？」

こう言われると、**「よくぞ聞いてくれた！」という気持ちになり、喜んで答えてしまい、とっておきのネタを披露してしまう。**なぜなら、私が最も敬愛する音楽家はベートーヴェンだからだ。そして何より、よく下調べをしたうえで取材に臨んでくれたことが伝わる。しかし、

△質問「ベートーヴェンがお好きなんですって？」
△質問「クラシック音楽に関する本を書かれていますね？」

と聞かれたのでは、「そうです」としか答えられない。冒頭の質問と何が違うかといえば、質問に「３００枚」という具体的な数字が盛り込まれていることだ。具体的に問われると、聞かれたほうは自分のエピソードを話しやすくなる。つまり、自慢しやすくなり、結果として相手のペースに乗せられてしまう。

これを質問する側から見れば、**たった一つ具体的な要素を入れて聞くだけで相手をまんまと自分の土俵に引き込むことができ、その後の対話を自分のペースで進めることができる**というわけだ。

▼相手の実績を調べておけば質問に生かせる

相手が自慢に思っていること、いくらでも語りたいと待ち構えていることを話してもらうには、「よくぞ聞いてくれた！」と自慢の水風船が弾かれるような質問が必要だ。**そのきっかけとなる質問の精度を上げるために欠かせないのが、相手に対**

する下調べであろう。現在の仕事の内容や実績のみならず職歴や前役職、できれば既婚か未婚か、家族構成、趣味など、プライベートな情報も知っておくに越したことはない。自分との共通点があれば、そこから具体的な質問がしやすくなる。

相手の自尊心をくすぐりたいとき、「○○部長から御社のホープだと伺っています」と言うのもいいが、質問でもっと効果的になる。

○質問「去年、5社も新契約を取ったんですって？」

「5社も？」と聞くことで、「いえ、たまたまです」などと相手に謙遜させるわけだ。**謙遜しながらも、相手は決して悪い気はしない。**気持ちよくさせたところで、アドバンテージを持ちながらビジネスの交渉へと話を移していけばいい。

取材、打ち合わせ、会議などは、相手にどこまで情報を開示してもらうかという交渉の場でもある。交渉ごとのうまい人は、どのような状況であってもこんな質問でするりと相手の懐に入り、自分に有利な対人関係を作れる人だと言えるだろう。

「○○に反対なさっているんですか？」

質問によって相手との対立軸が明確になる

こんな場面で

相手の話が曖昧で要領を得ないとき。本音が見えないとき

こんな質問も

「じゃあ、この企画は棚上げにすべきということですか？」

「○○を進めることには賛成ですか？　反対ですか？」

▼聞き出すべきは、「何に反対しているのか」

文章を書いたり読んだりするのが苦手な人向けに話をするとき、まず最初に私が教えるのは次のようなことだ。たとえば、新聞の社説に「ＡＩ介護の導入」について書かれているとする。ＡＩ技術の発達によって介護現場への導入が進み、職員の負担軽減につながっているという内容を、ふんふんと感心しながら読んでいるだけでは文章の意味を十分に理解できないかもしれない。その文章にはっきりとした主張が書かれていないとしたらなおさらだ。

文章のみならず**表現するということは、何かに反対して何かを主張しているということだ**。ある文章を読んで文意がしっかり理解できないと感じたら、それはその文章が何に反対しているのかがつかめていないということになる。

実は、会話でも同じように考えるとコミュニケーションに役立つ。**相手の言っていることが曖昧で主張がつかみづらいとき、口にはしないが何かに反対していたり、抵抗したい気持ちがあったりする可能性が高い**。

「社外との打ち合わせにいつも遅刻する若手担当者を替える」という議題で話し合っているとき、相手の返答が曖昧でよくわからないとしよう。

×質問「じゃあ、どうしたらいいですかね？」

と、相手におつきあいしてしまうような質問をすると、「だから……どうしましょう？」などと返されて、一緒に迷宮へ入っていくことになる。

△質問「何がいちばん気にかかっているんですか？」

こう迫っても、まだ相手には逃げる余地がある。議論を進めたいなら、もう少し工夫して聞く必要がある。

▼対立軸を見極めたうえで、自分の主張を重ねる

そこで、次のように質問してみる。

○質問「担当を替えることに反対なさっているんですか？」

相手は、若手担当者に担当替えという懲罰を与えるべきか、反省文を書かせて気づきを期待すべきか、はたまた別の選択肢はないかという考えの中で揺れている。だが、「担当を替えることに反対なさっているんですか？」と突き付けられたら、立場を表明せざるを得なくなる。相手の返答が「ええ、まあ……」とはっきりしないものだとしても、反対の立場の表明にはなる。

もちろん、物事はすべてイエスかノーで割り切ることはできない。とりわけ日本人ははっきりと意思表示をせず、曖昧なまま会話が流れていく傾向がある。だからこそ、**相手の考えを聞き出したいときには、自分と相手との対立軸が明確になる質問を投げかけることで初めて議論のスタート地点に立つことができる。**

相手が「反省文の提出で十分では……」と答えたとしよう。自分は「担当を替えるべき」と考えている場合、相手との対立軸を見極めたうえで、「では、○○社のように何度も苦情を受けている会社にはどう対応を？」と、さらなる反論ができる。

相手は何に反対しているかを問う質問をいつも頭に入れておくと、一対一でも、大勢の会議でも、相手の主張をあぶり出すことが可能なのだ。

■2-5 相手が主張しやすい状況を設定する

「あなたの立場からするとどうですか？」

説得したいときこそ相手の意見に耳を傾け、対話の合意を目指す

こんな場面で

相手が「その通りです」としか言えなくなる状況を防ぎたいとき

こんな質問も

「あなたなら○○についてどう対応したでしょう？」

「御社の上層部は反対意見だとして、現場担当のあなたのご意見をお聞かせいただけますか？」

▼相手の領分を残すための質問

議論の場ではしばしば、「声の大きい人」の意見が通る。声が大きいとは、ハキハキした話しぶりを指すだけでなく、発言頻度の多さや場の支配力も含む。参加者の多くは心の中で、「また独演会だよ」「面倒だからしゃべらせておけばいい」などと思っているが、本人だけがそう思われていることに気づいていない。それどころか、立て板に水で持論を展開できる自分は、その場の誰よりも優秀だと思っている。

ビジネスの会議に限らず家族や友人との日常会話でも、自分の専門分野の話になると声高に主張して、相手にうんざりされる人がいる。ただニュースを見ながら話しているだけなのに、たとえば政治学に詳しい人が専門的な話を延々と繰り広げる。何かすごいことを言っているのだろうが、聞いているほうからすると難しくてちんぷんかんぷんだ。しかし、周囲の反応に気づくことはない。

この手のコミュニケーションは、**相手に「あなたもそう思うでしょう?」「だよね?」と強要を迫るコミュニケーション**と言える。だから、相手は話を聞いているだけで口を挟む余地がなく、だんだんストレスを感じるようになる。そのうち、意地でも賛同するものかと身構えてしまう。

会話をリードすることと、実のある議論をして交渉を成功させることは違う。説得が必要な場面でいつも失敗に終わる人は、知らず知らずのうちに相手にこうした思いをさせているのではないだろうか。だとしたら大変な損だが、たった一つの質問を知っておくだけで、失敗を未然に防ぐことができる。

方法は簡単だ。自分がしゃべった後に必ず、

○質問「あなたの立場からするとどうですか?」

と聞くといい。

▼異論や反論を促すことで納得感を

人は誰でも自分の置かれている立場や環境から物事を捉え、自分自身の考えを持つ。しかし、その自分の意見こそが正論だと思ってしまうとコミュニケーションの齟齬が生じやすくなる。正論で押し通そうとし、理路整然と説明すればするほど、相手の言い分まで奪ってしまうことになるからだ。

相手が異論や反論をきちんと口にできる領分を残しておくことが、対話の合意につながる。**議論の場の合意形成も、質問なしには成り立たない**と言えるだろう。

「あなたの立場からはどう？」と尋ねることで、相手は社会的環境や職場でのポジション、専門分野からの視点など、その人独自の意見を言いやすくなる。この質問によって、相手が持論を開示しやすい状況を作りだすことができる。

○質問「今回の税制改革について私は賛成ですが、自営業のあなたの立場からするとどうですか？」

○質問「御社の上層部は反対意見だとして、現場担当のあなたのご意見をお聞かせいただけますか？」

またこの質問は、医療の方針に迷ったとき、「先生ならこの治療方法を選びますか？」、デジタル機器に精通している人に教えを乞うときは、「あなたならどのアプリを選びますか？」などと、**専門家から必要な情報を聞き出したい**ときにも使える。

■2-6 本音のグラデーションの程度をはかる

「コンプライアンスって、最優先されるべきものじゃないですかね?」

本音と建前のバランスを見抜くには「揺さぶり質問」

こんな場面で

相手が本心をはぐらかすとき。本意を語っていないと感じるとき

こんな質問も

「前例や慣例って、そんなに守らなくちゃいけないものですかね?」

「私は疑問に思うんですけど、このまま進めていいと思っていますか?」

▼まずは自分のスタンスを明確にして問う

本当は上司のアイデアに反対だが、意見をすると面倒なことになるので賛成しておこう。プロジェクトの方針に明らかな問題点を見つけたが、誰も気づかないなら黙っておこう。こんなとき同僚に、

○質問「僕は上司のあのアイデアに疑問を感じるんだけど、本当にあれでいいと思う?」

と聞かれたらどうだろう。つい「実は僕もそう思っていたよ」などと本音をポロリと漏らしてしまうのではないだろうか。

ざっくばらんに意見交換したいが、相手が建前を崩そうとしないとき、一気に本音を言わせようとするよりも効果的なのが、「揺さぶり質問」だ。

ある物事に対する反対や賛成の意見には、グラデーションがあるものだ。上司のアイデアに反対の立場であっても、人員数について再考してくれるなら反対の気持ちは30%程度減少されるのか、予算をもっとつけられるならさらに50%ほど減るの

か、それとも100%納得できないのか。そうしたグラデーションがあるものについての**本音の程度が、質問で揺さぶることで見えてくる。**

たとえば、現代のビジネスパーソンにとってコンプライアンス遵守は共通の認識だが、建前ではそう言っていても、本心では「まあそれはそれで……」ということも少なくない。絶対に守るべきコンプライアンスを理解していても、このくらいなら通るだろうという甘い見通しで企画が進みそうになっているケースもあるだろう。

しかし、あなたはそこに異を唱えたい。そんなときは、

○質問「コンプライアンスって、最優先されるべきものじゃないですかね？」

と、自分のスタンスをまず明確にして、投げかけてみる。すると、「守るべきだが最優先ではない」「アイデアしだいだろう」「同業他社を参考に最低限のことを理解していればいいのでは」といった本音のグラデーションを具体的に聞き出せる。その返答がヒントになって、議論の活性化を促していけるだろう。

▼「揺さぶり質問」で本音を見える化

あるいは、相手が重視していることが明確だとする。前例、慣例、慣習を重んじる主張がいつもブレない人に揺さぶりをかけたいときには、

◯質問「伝統が大切なのもわかりますが、そこまで変えられないものでしょうか？」

と、**相手の主張を受け止める姿勢を示したうえで、程度を尋ねるワードを紛れ込ませる。**「◯◯課限定なら？」「どの部分なら？」「特別に期間を設けるというアイデアは？」など、**続けて具体的に質問を重ねることで揺さぶることができる。**

この「揺さぶり質問」を成功させるコツは、相手の主張に理解を示すフレーズから質問を投げかけることだ。こちらのスタンスが伝わっていれば相手は答えやすくなり、こちらとしても相手の答えのグラデーションをはかりやすくなる。

またこの質問は、複数の人の前よりも一対一で行うほうが、相手も本音を示しやすいだろう。

「……だとすると、こんなことが起こってしまいますよ？」

首を縦に振らない相手にはゴリ押しで迫るのではなく、じわじわ脅し作戦

こんな場面で

説得がうまくいかない場面で、反感を買わずに賛同を得たいとき

こんな質問も

「B社さんの新商品の大ヒット、お耳に入っていますか？　うちはこのままでいいんですかね？」

▼質問から始めれば口下手でもうまくいく

相手がこちらの提案や条件に同意する気配がないとき、**イエスと言わせようとしてゴリ押しするのは最も下手な交渉だ。**

×質問「私はかつて企画部で商品Aのエコパッケージ化を実現させ、売り上げアップに貢献しました。その経験から、今回の新商品もエコパッケージを採用すべきと考えますが、ご賛同いただけますか？」

新部署の上司「パッケージを刷新するとなると予算がねぇ……」

×質問「そこをなんとか！　絶対に成功させる自信があります！　いかがでしょうか？」

この手の説得を試みる人の多くは、何も自慢をしたいわけではないのだろう。成功体験を率直に伝えることが、相手の心を動かすと信じているのだ。ただ、これはストレートなお願いに過ぎない。幼稚に見えるため、相手になめられてしまう可能性もある。では、こう質問してみるとどうだろう。

○質問「今回の新商品の分野でも環境を配慮した製品が次々と注目を浴びる今、エコパッケージに舵を切らない選択は後退と言えませんか？　だとすると、同業他社に水をあけられるのではないでしょうか？」

自分の主張理由を述べた後、賛同しないなら「後退」「同業者に水をあけられる」という「こんなよくないことが起こる」ことを示す。**相手がとっているスタンスがどんなに理不尽であるかを、客観的な根拠をもとに強調する**わけだ。

相手から「イエス」を引き出したいときは、ゴリ押しするよりも、このような脅しの手法が功を奏する。

▼説得の根拠になる情報をじわじわ質問で提示

この脅し作戦は、あくまでも**相手に対して「損しますよ」と訴えかけることが目的**で、高圧的に相手をねじ伏せるためのものではない。もしも相手がすぐにスタンスを変えなくても、具体的なエビデンスを一つ二つと重ねていけばじわじわ効いてくる。こちらの言い分を聞いているうちに、だんだん怖くなってくるからだ。

○質問「ライバル社Bが今回、リサイクル可能なエコパッケージを採用した情報はご存じですか？」

○質問「先日のパネルディスカッションでうちの社長が〝エシカル〟というワードを知らなかったことが、この業界で話題になっていますね？」

○質問「今はSNSでこういう噂はすぐに拡散しますけど、大丈夫でしょうか？」

主張を裏づける根拠は多様な視点で厳選し、最強と思われるものを最後にドカンと示す。剣道の団体戦では先鋒・次鋒・中堅・副将・大将、それぞれの役割に合った技量の選手を配し、最後にチームの大黒柱である大将が登場するが、それに倣うといいだろう。

この方法ならば、押し出しの強いタイプでなくてもすぐに実践できる。要は、話す前に準備ができていれば、後は質問という形でボソッとつぶやくだけでいい。

■2-8 自分の意見に相手を引き込む

「これは実はものすごく大事なことですが、（自分の意見）なんです。だから、〇〇だと思いませんか？」

前提を示してから質問すると、相手はその前提に誘導される

こんな場面で

相手の意見を変えさせて、味方に引き入れ主導権を握りたいとき

こんな質問も

「これは重要な案件なのですが……」

「これだけは間違いなく言えるのは……」

▼身構える相手の抵抗感を解いて誘導する

目上の人に言いたいことがあっても、ひと言物申すのはとてもリスキーに感じられるだろう。だが、**上に物申すような高リスクの行為も、質問をうまく使えば低リスクに抑えられる。**いやむしろ、リスク以上のリターンが得られるかもしれない。

若手の離職が止まらないというシチュエーションを考えてみる。入社3年までの退職希望者が年々増える中、とうとう若手のホープまでもが退職してしまった。現状を鑑みて中堅のマネージャーが、会社の伝統的なしきたりを重んじる上司に対し、若手流出を防ぐための対策が必要だと進言するとしよう。

○質問「これは実はものすごく大事なことなんですけど、若手ホープの○○さんがスタートアップ企業に転職してしまったのは、若い共働き世代の価値観にわが社が寄り添えていないということが考えられると思います。だから、若手の離職を防ぐ対策が急務だと思いませんか？」

「若手の離職を防ぐ対策を考えませんか？」だけでは、「最近の若者はわからないよ」とはぐらかされたり、「結局、根性のない人間は残らないよ」と精神論で片づけられたりして、逃げられてしまうのがオチだ。

だが、最初に「これは実はものすごく大事なことなんですけど」と前振りがつくと、「ものすごく大事なこと」という言葉に聞き手の意識が向く。

そのうえで主張すると、聞き手はこちらの意見にしだいに誘導され、共感が芽生えていく。そして、「だから、〇〇だと思いませんか?」という質問に対して否定できなくなる。

▼前提に賛同させられれば質問で説得できる

この質問でリターンを得るには、「~ということが考えられると思います」と自分の考えを述べる部分の分析の鋭さがものを言う。「精神論を第一とする組織よりも、フラットで風通しのいい組織を求めたのだと思います」「世代間ギャップを埋めるコミュニケーションに時間を取られ、仕事の生産性に影響が出ていたことが大きな理由だと考えられます」といったきわどい内容でも、先に「これは実はものすごく大事なこと」と前提を示しておくことで、言いやすくなるというメリットもある。

この部分が鋭ければ鋭いほど説得力が増し、問題に対して自分が真剣に立ち向かっていることのアピールにもなる。

実は、質問の頭に示す前提は、営業トークでも頻繁に使われている。新車に買い替えるかどうか迷っている客に、「納期はいつ頃をお考えですか？　この車種のこの色は人気なので生産台数が多めですよ」と言うのは、納期の希望を尋ねることで「購入して納車する」ことを前提としている。このような前提によって無意識のうちに、営業マンの思惑に誘導されていくわけだ。

○質問「これは実はとてもシンプルなことなんだけど……」
○質問「○○さんにとっては簡単なことだと思いますが……」
○質問「後で必ずわかりますが……」

このような**前提のフレーズを質問とからめると、自分の意見に相手を引き込みやすくなる。**

2-9 優位に会話を進める

「どの点に絞ってお話しすればよろしいでしょうか?」

あえて選択肢を作って問い返し、自分が答えやすくする

こんな場面で

絶対に自分が答えなければならない場面で、優位に会話を進めたいとき。自分を売り込みたいとき

こんな質問も

「網羅的にお話しいたしますか? 個別のエピソードをご紹介いたしますか?」

「若者向けにお話ししますか? それとも一般向けですか?」

▼会話の時短を図る「質問返し」

会話の中で、自分が相手から質問されることがある。しかし、相手が必ずしも頭のいい質問をしてくるわけではない。曖昧だったりとんちんかんだったりすることもあるだろう。

答えづらい質問を受けたなら、その質問を具体的にする「質問返し」をすればいい。まずは、質問の意図がはっきりしていないことを相手に察知してもらわなければ、話が進まないからだ。だがこのとき、「質問の意図がわからないのでもう一度お願いします」と返すのでは率直過ぎる。明らかに相手は機嫌を損ねるだろう。

○質問「どの点に絞ってお話しすればよろしいでしょうか?」

このような言い方であれば、相手に嫌な思いをさせずに質問の不備に気づいてもらうことができる。転職活動の面接で漠然と経歴について聞かれたときも、次のように質問すると、積極的な姿勢をアピールできる。

面接官「あなたの経歴について教えてくださいますか?」
○質問「私の経歴のどの部分についてお答えしましょうか?」

もちろん、自慢できる経歴がなければこの方法は使えないが、時系列で経歴を答えるより格段に好印象を与えることができるだろう。

▼質問で相手の思考の枠を設定できる

「どの点に絞って答えるか」という問いは、こちらから相手に選択肢を設定する権利を提示しているということだ。逆に、相手の質問に対して自分から選択肢を設けて「質問返し」をすることで、相手の思考の枠を設定する方法もある。

仕事相手「御社の新プロジェクトについて教えてくださいますか?」
○質問「新プロジェクトのきっかけからお話ししましょうか? それとも展望からのほうがよろしいでしょうか?」

自分で選択肢を設定することで、質問によって先手を打ち、優位に会話を進めていくことができる。いくつかの例を挙げよう。

○質問「網羅的にお話ししましょうか？　個別のエピソードをご紹介しましょうか？」

○質問「社員として答えましょうか？　それとも個人としての意見を申し上げたほうがよろしいでしょうか？」

○質問「プラス面とマイナス面、どちらからお話ししましょうか？」

この「質問返し」は時間に制限がある場合の時短にも役立つ。

○質問「お答えが長くなってしまってもよろしいですか？　それとも短く答えましょうか？」

このように質問すれば、自分のペースで答えやすくなるだろう。

「○、□、△のどれがよいですか?」

「三者択一」の選択肢を用意して、質問を明確にする

こんな場面で

「どうしたい?」と漠然と聞いて相手を困らせたくないとき

こんな質問も

「和食か、イタリアンか、タイ料理のどれに行きたい?」

「宿題、明日の準備、お手伝い、どれからやりたい?」

▼質問者への肯定感情を高めるチャンス

誘いたい相手がいるとき、「今週のどこかで飲みに行かない?」という問いは、相手が断りやすくなる。質問が漠然としているからだ。しかし、「今週の木曜か金曜に飲みに行かない?」と選択肢を提示すると、相手は「どちらか」で考えようとするため受け入れられる可能性が高くなる。**選択肢を含む質問は、ノーを言いづらい状況を作れる**というわけだ。

こうした二者択一もいいのだが、**さらにおすすめなのは三者択一の質問**だ。人と食事の約束をしていて、何を食べるかまだ決めていないという状況を考えてみよう。

×質問「どこ行く?」

○質問「和食か、イタリアンか、タイ料理のどれに行きたい?」

選択肢を提示するということは、提示する側の考えを示すことで、言い換えれば問題提起でもある。「どこ行く?」「どうしたい?」と漠然と聞くよりも、「私はこんな選択肢を提案します」と宣言することになるため、対話を進めやすい状況を作れる。

選択肢が3つあると、「どっちがいい?」と二択を迫られるよりも選択の幅が広がるので、選ぶ側は提案に乗っかりやすくなる。「和食かな」と答え、「いいね、自分もそう思っていた」と選択が受け入れられれば、相手から自分への肯定的な感情も高まる。人は自分の選択に対して肯定的な行動を取る傾向があり、その選択に同意を示してもらえると共感を覚えるからだ。

選択肢が4つ、5つになると提示の差別化が難しいうえに、選ぶ側にもややこしさが生じる。その点3つならば考えるのも答えるのも気楽だろう。ただ、選択肢には自分の意に沿わぬものや、選ばれたときに自分が損しそうなものは入れないよう注意が必要だ。逆に言えば、この質問を自分が人からされた場合は、「他に選択肢はないか?」と疑ってみる視点も持っておいたほうがいいということだ。

▼ビジネスでも三択質問は有効

もちろん、ビジネスシーンでも、こうした質問は役に立つ。いろいろなシチュエーションを考えてみよう。チームで仕事を進める際の役割分担を決めるときも、

○質問「社内プレゼン準備、全体のスケジュール管理、渉外ならどれを担当したい？」

と、具体的に仕事の内容を提示する。このとき、相手にとって少々ハードルが高いと感じられるような仕事を紛れ込ませておくと、提示された側のモチベーションが上がる。

家族との日常や子育ての場面でも同様だ。小学生の子どもに対してなら、こんな選択肢はどうだろう。

○質問「宿題、明日の準備、お手伝い、どれからやりたい？」

この場合はどれからでも手をつけてくれれば親は助かるわけだから、「早くしなさい」と叱るよりはよほど効果があるだろう。

3章

信頼を獲得する質問

「昨日のゲリラ豪雨、影響ありませんでしたか?」

アイスブレイクは相手が話しやすいことを聞く

こんな場面で

久しぶりに会う仕事相手との打ち合わせや、雑談の最初のひと言で場をなごませたいとき

こんな質問も

「髪切った?」

「最近はご趣味の旅行はいかがですか?」

「(レストランなどでは)○○ってお好きですか?」

▼相手にフォーカスしたシンプルな質問は万能

質問がうまい人は、「できる人だな」「なかなかあなどれない」と思わせるだけでなく、「話していると楽しい」「もっと話したい」と思わせる。話せば話すほどいい人間関係を築け、好感度もアップし、周囲からの信頼がどんどん厚くなる。本章ではそんな質問のテクニックを身につけるコツを紹介していこう。

入学試験や就職試験の面接では、アイスブレイクから入ることが多い。「どのような交通手段でいらっしゃいましたか？」「朝食は食べてきましたか？」といった、**答えるのにストレスの少ない質問や、イエス・ノーで返せるシンプルな質問をする**のが王道だ。

面接側の人間が心得ておかなくてはならないのは、問いに対する答えからどうやって相手の緊張を解いていくかであろう。そのポイントは、たった一つと言っていい。**相手が相手自身のことを話しやすい質問**をひねり出すことだ。

タレントのタモリがバラエティ番組などでゲストに対し開口一番、「髪切った？」とよく聞いていたが、よくよく考えるとあの質問は秀逸と言えるのではないだろうか。見た目に関する質問は、最近とても繊細に扱われる。「痩せた？」と言われてうれしい人ばかりではないし、ルッキズムにも通じるからだ。しかし、「髪切った？」は事実をそのまま述べているうえに、相手が自分のことを話し出すきっかけを作れる。相手からすれば、自分の変化に気づいてもらった喜びがあり、自分のことを話す権利をもらえたような気にもなる。

▼ありきたりな質問が相手の気持ちをほぐす

面接や大切な打ち合わせでは「髪切った？」とは聞けないが、**「相手に話してもらおう」という意識をもっておくといい質問ができる。**仕事上で久しぶりに会う人との最初のひと言は、**日常的かつありきたりな内容でかまわない。**

○質問「昨日のゲリラ豪雨、影響ありませんでしたか？」
○質問「お盆が近いですけど帰省はされますか？」
○質問「最近はご趣味の旅行はいかがですか？」

相手が自分のことを話しやすくなるように具体的に聞く工夫をし、相手にフォーカスしていくことが大切だ。

以前、ある企業の人事担当者から、新入社員同士の緊張感をあっという間に解く方法を聞いた。その方法とは、50〜60名ほどの新入社員を4人1組にして、好きな物と嫌いな物を紙に書かせ、それを互いに見せ合うというものだ。

書いた内容に自分と同じ物があれば盛り上がるし、意外な物や事柄があればそれもまた話が弾むのだそうだ。「なぜ?」「どんなところが?」「いつから?」などと質問しやすくなるからだろう。

具体的な情報が手元にあれば、それは次の質問の材料になる。目の前に実物がある場合は、質問はなおしやすくなる。ビジネスの会食の場などでは、

○質問「からあげにレモンかけます?」
○質問「付け合わせのパセリって食べます?」

と、こだわりを話したくなるような聞き方で場をなごませることができる。

「みなさん〇〇会のお仲間なんですか?」

自分の立ち位置が相手に伝わる質問で警戒を解く

こんな場面で

パーティや会食で話しかけてよい相手かどうかわからないとき。「アウェイの席」で会話に入れないとき

こんな質問も

「よく集まっているんですか?」

「このイベントの関係者の方ですか?」

「〇〇町の□□さんって、どなたですか?」

▼こんな質問で話が見えないストレスを軽減

なじみの薄い集団の中へ、入っていかなければならないことがある。私の例で言えば、初めて参加する大学の懇親会や知人の受賞パーティがそれに当たる。顔見知りがいなくもないが、その人は私の知らない人と楽しそうに談笑中だ。割って入って邪魔になるのは嫌なので、なかなか声をかけられない。

そもそも、参加者の中には、こちらが顔を知らないだけでものすごい著名人が交じっている可能性がある。あちらこちらで話の輪ができているが、どこに入る余地があるのかの見当がつかない。アウェイな空気を感じずにはいられないシチュエーションで、どんなふうに場に馴染んでいけばいいのか悩ましい。

そんな際の**最初のひと言のポイントは、自分がよそ者であるということを明確に伝えることだ**。それが〝つかみ〟になる。

○質問「みなさんは、○○研究会のお仲間ですか？」

よそ者であることを自分はわかっていますよという要素を質問に込めると、ほとんどの場合、相手の警戒心が緩む。誰が扉を叩いているのかわからないときは不安だが、扉を叩く相手の姿が見えれば警戒は解ける。知らない人だけど仲間に入れてあげようという気になる。

このようなシチュエーションにうまく溶け込んでいける人は、ニコニコと朗らかな雰囲気を持ちどんな場にもなじめる天性の持ち主か、**質問を武器に警戒を解ける**人のどちらかだろう。前者は褒められるべき一つの才能だが、受け身であることが難点だ。実は、誰にでも実践できるのが後者だと言える。

○質問「みなさんは定期的に集まっているんですか？」
○質問「ずっとこのイベントを続けていらっしゃる関係者の方ですか？」

と、より具体的に聞くことが大切なのは言うまでもない。

▼するりと会話に入れる素朴な質問

アウェイな空気と言えば、配偶者の実家を訪ねたときもそうだろう。親戚の誰々が就職したとか、幼なじみの誰々が離婚したなど、配偶者とその家族にとってはおもしろいのだろうが、自分の知らない話ばかり続き、ずっと会話に入れない状態はストレスが溜まる。

実家側はいつもの世間話をしているだけだから、話に入れず退屈している人がいることに気がつかない。このような状況を変えてストレスを軽減させたいなら、アウェイ状態に甘んじるのではなく、**「よそ者だけど知りたいです」というスタンスで質問をしてみる**といい。

○質問「○○町の親戚ってどなたですか?」
○質問「その幼なじみって、どんな人ですか?」
○質問「よく行くイオンってどこにあるんですか?」

アウェイな場で下手な自己アピールをすると、自爆する恐れが高まる。だが、**素朴で無難な質問を重ねる分には、決してマイナスには働かないだろう。**

3-3 再会できた相手とさらにお近づきに

「○○お好きでしたよね？　いいの見つけたんですよ」

前回の話を覚えていることを具体的な質問でアピール

こんな場面で

ビジネスやプライベートで、相手の懐に飛び込みたいとき

こんな質問も

「ご子息はそろそろ受験じゃないですか？」

「東京マラソンにエントリーできました？」

▼再会後の距離感を質問で縮める方法

人と人が会って時間を共有するたび、互いに関する情報が増えていく。久しぶりに仕事相手に会うときも、その人物についての知識があるからコミュニケーションがスムースに運ぶ。

たとえば、「お子さん、大きくなったでしょうね?」「そろそろ受験じゃないですか?」などと聞いたとき、相手がそれについて話したいときは、「もう3歳ですよ」「いや、ぜんぜん勉強しなくて困ってるんですよ」というふうに答えが返ってくる。相手は自慢を交えたり、あるいはちょっと愚痴ったりして、気分よく会話に乗ってくるだろう。自尊心をくすぐる質問(2-3)でも述べたが**相手に関する情報を活用すること**が、再会のコミュニケーションを円滑にするカギになる。

再会できた相手とさらにお近づきになり信頼を得たい場合に質問するといいのは、前回会ったときの話の内容だ。要するに、**盛り上がった話題を思い出して質問すればいい**わけだが、なかでもとくに**相手発信の話題や相手自身をメインにした内容について尋ねる**ことがキモになる。

○質問「5月にアメリカへ視察に行くとおっしゃっていましたが、どうでした?」
○質問「東京マラソンに3回目のエントリーできました?」

▼具体的に質問すればするほど好かれる

自分が何気なく話したことを相手が覚えていてくれたら、誰でもうれしい。相手に対する信頼感が増すだろう。時間や回数、地名や固有名詞など、できるだけ具体的な情報を入れ込めば、相手が話しやすい状況を作れる。

さらにいいのは、前回の会話で相手が話していた内容に関する、**追加情報を提示することだ。**

○質問「○○お好きでしたよね? いいの見つけたんですよ」
○質問「○○について勉強したいとおっしゃっていましたね? このあいだたまたま詳しい人と知り合ったのですが、今度ご紹介しましょうか?」

再会の際にこのような提案をするには、相手の話を覚えていることにプラスして、必要な情報をキャッチできるようにアンテナを立てておく必要がある。もちろん、意図的に情報を探す労力が必要になることもある。

しかし、うまくいけば、**日常の中にある再会というごくありふれた機会を、自分を印象づけるチャンスに変えられる。**

もしも、前回会ったときに自分は失敗してしまった、いい印象を残せなかったに違いないと感じる相手でも、この質問を試してみる価値はある。

記憶というものは曖昧だ。失敗したと感じているのは自分だけで、相手はすっかり忘れてしまっている可能性もある。だから、「その節はご迷惑をおかけして……」などと言って悪い記憶をわざわざ呼び起こすようなことをするのは損だろう。それよりも、ここで紹介したような質問をあっけらかんと投げかければ、その瞬間から相手にとって心地よいコミュニケーションが始まる。

質問しだいで、相手にとっていい記憶として、自分の存在を残すことができるというわけだ。

「○○さんの上のお子さんとうちの長男とは、同じ学年でしたっけ?」

確実な情報を比較対象に置き、相手から答えを引き出す

こんな場面で

人の顔や名前や属性を覚えるのが苦手で、今さら相手について聞けないいとき

こんな質問も

「○○さんは、□□さんと同期入社ですか?」

「お名前は? いえ、名字ではなく下の名前です」

▼復習で次のコミュニケーションに備える

前項でお話しした、再会した相手との距離をさらに近づけるための質問は、実は私自身が実践しているアイデアではない。私が人から受けて感心したり驚かされたりした質問をベースに、アレンジしたものばかりだ。

お恥ずかしい話だが、私は人の顔や名前を覚えるのが非常に苦手で困っている。顔と名前が一致しないので、仕事で一度会ったという人に声をかけられても、その人とどんな話をしたかなど思い出せるわけもない。

「以前、〇〇の会でお会いしましたね」などと言えたためしがないので、10年以上も前に会ったことを覚えているうえに、そのときの話題を再現できるような人に会うと心底驚く。私と同じような悩みをお持ちの方も、少なくないのではないか。

私の場合、本当に困っているのは親戚の顔や名前を覚えられないことだ。とくにいとこの子どもたちには不安が募る。私は大分県の出身で今もときどき帰るが、彼ら彼女らの顔、名前、学年、職業などの情報が私の頭の中であやふやだ。これまでに何度もいとこに尋ねているので、呆れられていると思う。会うたびに、私は評価を落としている。しかし、いとこたちは「〇〇ちゃんはもう保育園？」と、私の孫について聞いてくるほどしっかり覚えている。当たり前と言えば当たり前なのかもしれないが、こちらは記憶に自信がないので同じような質問ができない。

▼当てずっぽうでも尋ねて、答えをメモしておく

関係性を正確に把握していない知り合いに、個人に特定した質問をしたいのだけれど、**その情報を持っていないときにどうするか。**たとえば、私がいとこに対してその子どもについての情報を聞き出したいなら、次のような質問はどうだろう。

○質問「うちの長男とおたくの上の子は同じ学年だっけ？」

確実な情報を比較対象に置き、相手から答えを得る。多少当てずっぽうのリスクはあるが、「何も覚えていないんだな」と呆れられる最悪の事態は回避できそうだ。

ただ、この質問ではその子の名前はわからない。昭和の大政治家である田中角栄は、相手の名前を忘れたとき「お前、名前は？」と聞き、相手が「佐藤です」と答えたら、「バカもん、下の名前だ！」と返したという。ビジネスでは応用できそうな質問術だが、親戚には少々難がある。

そこで、覚悟を決めて今一度尋ねることも必要だろう。このとき「名前なんだっけ?」よりは、「名前はどんな字を書くんだっけ?」というくらいの工夫はしたい。私の場合は、それでもまたすぐに忘れてしまうので困るわけだが、スマホのメモ機能に情報を残し、冠婚葬祭や帰省の前に確認すると事態は改善しそうだ。

先に質問でよい情報を引き出すには準備という「予習」が必要だと述べたが、「復習」も必須なのだ。復習によって学習を定着させ、次のよいコミュニケーションにつなげることが期待できる。

取引先の人事異動で他部署へ移った人の名前が思い出せないとか、挨拶をされたが「はて、あれはどなただっけ?」という場合、後で調べることを習慣づけておく。仕事の話のついでに異動先の知人を探して尋ねたり、情報通の人にさぐりを入れるなどして、確かな情報を入手しておく。なんとかして自分で調べた経験があれば記憶に残りやすくなる。会ったその場ではうまく対応できなくても、次に会ったときに的を射た質問で挽回すれば、信頼を得るにはまだ十分に間に合うだろう。

「おっしゃるように『前向き』って大切ですよね？」

相手が好むキーワードを質問に紛れ込ませる

こんな場面で

相手の考えをもっと知りたいとき。苦手な人とのコミュニケーションをスムースにしたいとき

こんな質問も

「そうそう、今ジェンダーバランスってまず目が向く要素だよね？　どういう業界で重視されているのかな？」

▼キーワード質問で合意形成を図る

会話中にたまたま出てきた話題がきっかけで、話が盛り上がることがある。副業を真剣に考えたい人が副業を始めたばかりの人に会えば、会話に前のめりになる。ソロキャンプに関心のある人が、ソロキャンプ歴5年の人に会えば、教えを乞いたくなるはずだ。

何気ないコミュニケーションの中に、話し手が日頃考えていることや趣味嗜好が表れる。その人が使う言葉はその人の思考の現れであり、その人の好みが滲み出る。**相手が好んで頻繁に使うキーワードは何か。**それに意識を向けているだけでも、**相手との距離を縮める質問のためのヒント**になる。

たとえば、「前向き」という言葉をよく使う人がいるとしよう。

相手「今回はしくじったけど、こんなときこそ前向きでいたいと思うよ」
○質問「君の言う通り『前向き』って大切だよね？　次はうまく行きそう？」

この「前向き」のように、**相手の言葉に含まれるキーワードをそのままそっくり**

真似る形で引き受け、質問にして返す。キーワードを受け取ってもらえたことで、相手は合意形成が図られたと感じ、心を開くようになる。

▼会話のミラーリング効果を質問に応用する

好意を持っている相手と一緒にいると、人は無意識のうちに同じ仕草をするという。たとえば、腕組み、うなずきなど、同調し合う者同士は仕草が似てくる。心理学でこれをミラーリングと呼ぶことは、よく知られているだろう。苦手な相手との距離を縮めたいときは、この心理を活用し、相手の仕草を真似ることでよい効果が期待できる。

相手の仕草ではなく、**相手の言葉に含まれるキーワードを真似て質問に紛れ込ませるのは、いわばコミュニケーション上のミラーリング効果を狙うものと言えそうだ。**

相手「ジェンダーバランスに無関心な業界では働きたくないな」
○質問「確かに、今ジェンダーバランスってまず目が向く要素だよね？　どういう業界で重視されているんだろうね？」

自分自身がジェンダーバランスという言葉を普段使わない場合、違和感があるかもしれない。だが、そういう言葉こそスルーせずにキャッチする意味がある。価値観の違いを感じる言葉こそ、コミュニケーションを深めるきっかけになるからだ。

相手がよく使うキーワードは、そのときの最大の関心事でもあるだろう。相手の考えや話したいことが凝縮されていると言ってもいい。その言葉に寄り添うことができれば、相手との信頼関係を築きやすくなる。

つまり、この**キーワード質問は、相手のことをもっとよく知りたいときに非常に役立つ。**キーワードをうまく使って会話を進めることで、相手は自分に同意してくれていると感じて表現欲求が刺激され、さらに質問を重ねることでどんどん自己開示してくれる。結局、話の流れもコントロールできることになる。

コミュニケーションの途中で話がずれたり、相手が関心を示さない話題に流れそうになったときも、**キーワードを再登場させることで軌道修正ができる**というメリットもある。

■3-6　相手にもっと発言してもらう

「大谷選手がバットの長さを変えて結果を出したように、仕事でも自分の選択を信じて粘りたいってことですね？」

☞相手が好む分野のスターの言動や名言をアナロジーとして使う

こんな場面で　相手の主張や考えに共感を示し、さらに話を引き出したいとき

こんな質問も　「藤井聡太が『一喜一憂してもしょうがない』と言うように、仕事も平常心ということですね？」

▼相手の土俵で共感を伝える質問の〝角度〟

相手にもっと話してもらいたいが、発言が少なくなってきた。そのようなときに肝心なのは、**質問の角度**だ。自分のことを積極的に話すのを好まず、人の話を聞いているのが好きだという人もいるが、それも質問しだいだろう。

相手の発言を促すには、相手が好むフィールドで会話を展開させるのがいちばんいい。たとえば、野球好きな人と仕事の話をしていて、その人ともっと深い話をしたいなら、いろいろな角度から野球にからめてみる。

「組織はやはり〝人〟だ」という話になったとしたら、「大谷選手みたいな部下がいたらいいですよね」という具合に具体的な名前を出す。大谷翔平選手はもはや国民的スターだ。野球好きかどうかによらずみんなそう思っているだろうから、共感を得やすい。

では、どう質問にからめていくか。相手が「自分の選択を信じて結果が出るまで粘りたい」という主旨のことを話したなら、次のように言ってみる。

○質問「大谷選手がバットの長さを1インチ長くして、完全に感覚を得るまで

3カ月粘ったようにですね？」

大谷選手があるときバットの長さを変えたことで、本塁打の飛距離がパワーアップしたというエピソードがある。だが、最初は、本塁打のペースはアップしたものの、変化球は打てたが速いストレートはとらえられず、高めストレートの打ち損じも多かったという。しかし、あきらめることなく新しいバットを振り続けて、大谷選手は記録を更新していった。

このように、**相手が好む分野のスターや著名人の名言や逸話をアナロジーとして使い、「おっしゃっているのはこういうことですね？」と返す。**仕事について話しているときでも、ビジネスのたとえではなく相手が好きな分野のできごとにたとえるわけだ。すると「わかっているな……！」と、こちらに信頼を置かずにはいられなくなるだろう。

▼名言にからめた質問で話を盛り上げる

相手が仕事で悩んでいたり、行き詰まりを感じているようなときは、先の質問をこう言ってみる手もある。

○質問「大谷選手がバットの長さを1インチ長くして、完全に感覚を得るまで3カ月粘ったように、われわれも腰をすえてトライしてみませんか？」

大谷選手の活躍を同じようにアナロジーとして用いて、自分たちの士気を高める燃料にするわけだ。スポーツや勝負ごとは、その点使いやすいネタだと言える。

故野村克也監督がよく口にした言葉に、「勝ちに不思議の勝ちあり。負けに不思議の負けなし」がある。負けるときは負けるべくして負けているという意味で、多くの人が知っているだろう。最年少記録を次々と塗り替えた将棋棋士の藤井聡太は、「将棋を指す限り勝敗はついてまわるので、一喜一憂してもしょうがない」と言っている。もちろん、スティーブ・ジョブズやアインシュタインが残した言葉でもいい。**一流の人の名言を心に留めておき、相手の考えや主張に共感する質問を投げかけることができたら、**相手は意表を突かれ、会話に弾みがつくだろう。

「○○さんらしいご意見ですね。では、□□についてはどうですか？」

「○○らしい」を枕詞に全肯定の気持ちを伝えて質問

こんな場面で

相手との良好な関係を保ちながらも、自分の意見を伝えたいとき

こんな質問も

「若者らしい率直な意見ですね。そうすると、……？」

「この場にふさわしいご意見ですね。では、……？」

▼クッション言葉で相手を受け止めてから質問する

相手の意見や主張を全面的に肯定しながらも、こちらの意見を述べる必要があるとき、どのようなコミュニケーションならうまくいくだろう。

特殊な状況かもしれないが、クレーム処理の電話対応を例に挙げてみよう。クレーム対応の目的は、トラブルがこれ以上大きくならないようにする火消しだ。多くの場合、クレームをつける側は感情的になる。対応する側は、相手に存分にしゃべってもらいながらも、クレームをよく聞き、問題の事実確認を冷静に行う必要がある。そのため、クレーム対応にはいい質問が不可欠と言えるだろう。

だが、質問の内容やタイミングの良し悪しの前に大切なのは、「貴重なご意見ありがとうございます」と、**まずはいったん相手を受け止め、心情に寄り添う姿勢を示すことだ。**このワンクッションがないと、相手の感情は燃え盛るばかりで、聞く耳を持ってもらえない。

クレームを受ける側には恐れや炎上させたくないという気持ちもあるだろうが、結局、全面的な受け止めの態度がスムースな処理の近道になる。

クレーム対応の「貴重なご意見ありがとうございます」に当たる肯定のクッショ

ン言葉は、トラブルや意見対立の気配があるときだけでなく、さまざまな日常会話の場面で、いいコミュニケーションのきっかけを生むと考えられる。

たとえば、相手の意見に感心し、もっと話を続けたいと思ったとき、

○質問「○○さんらしいご意見ですね。ほかに気づいたことはありますか?」

と、「らしい」という言葉を使うことで、相手を肯定する気持ちを伝えられる。

これを枕詞とすれば、相手を受け止めつつ、相手にもっと聞きたいことがある場合やこちらの主張を述べたい場合も、質問の形をとってソフトに投げかけられる。

▼「らしい」「ふさわしい」の後はソフトな質問や提案を

ただ、「らしい」を使う場合、皮肉ではないとわかってもらえないといけない。

○質問「若者らしい率直な意見ですね。そうすると、○○のケースはどうですか?」

それには、その後に続く質問が鋭くなり過ぎないことに気をつけるといいだろう。**「らしい」**の他にも、**「ふさわしい」**という言い方も肯定の気持ちを伝えやすい。

○質問「この場にふさわしいご意見ですね。ということは、……?」
○質問「このタイミングにふさわしいご指摘ですね。では、……?」

いろいろな場面で使えるだろう。しかし、「ふさわしい」は相手を認めていることには違いないのだが、評価をしているととられることもあるので、どんな点が「ふさわしい」と感じたのか、「とくに○○の点でそう思いました」とひと言述べておくと誤解が生じにくい。

質問は、ズバリと聞いて情報を引き出したり、相手を揺さぶって本心を浮かび上がらせる武器にもなるが、**会話の流れの中で信頼を勝ち取り、より望ましい着地点に行き着くための道しるべともなる。**質問の前後の工夫で、さりげなく、それとなく、相手を気分よく饒舌にさせる方法もあることを覚えておいてほしい。

4章

ピンチをチャンスに変える質問

■4-1 膠着状態を打破

「ちょっと視点を変えて質問してもいいですか？」

会話の平行線を脱するには切り替え質問

こんな場面で

打ち合わせで行き詰まり、無言の時間が長くなったとき。気まずい空気が流れているとき

こんな質問も

「ところで、営業担当の方はどうお考えになりそうですか？」

「そういえば、お孫さんはお元気ですか？」

▼俯瞰の視点をもたらす質問

着地点を見つけなければいけないが、意見が食い違い議論が進まないということは、日常のあらゆる場面で起こり得るだろう。一見するとピンチに感じられるそうしたシチュエーションも、質問をうまく使ってチャンスに変えることができる。

おもちゃ会社の制作部社員が、営業部の担当者と価格設定の打ち合わせをしているとしよう。制作部はキャラクターフィギュアを1体8000円に設定したいが、営業部は6000円台を希望している。6000円台にするには原材料の質をかなり落とす必要があり、制作部としては受け入れがたい条件だ。一方、営業部としても価格競争が激しいジャンルだからこそリーズナブルさを優先したい。

互いに譲れず会話が膠着状態のとき、次のように質問してみる。

○質問「ところで……息子さんは何歳になられましたか？」

打ち合わせ内容からできるだけ遠く離れたポイントで、話題を切り替える。相手は驚くかもしれないが、それが狙いだ。そして、この質問にこう続けてみる。

○質問「そもそもおもちゃって、子どもにとって安全なものでなくてはいけませんよね。値段を安くすると原材料の質を落とさねばならず、危険な成分が混入する可能性を排除できません。安全性が担保できないおもちゃは、○○さんの息子さんの将来にとってよいものでしょうか？」

「○○とはそもそも□□であるべきなのに現状でよいのか？」と、相手の主張が本来の理想的状態から逸れていることに気づかせる、思考の「三段階展開」（1－5）を覚えているだろうか。**いったん打ち合わせ内容から離れて相手の感情に訴えかけた後、例のように論理的に話していく**と説得の効果が得やすくなる。

家族についての質問は、もちろん、初対面では難しい。だが、相手のプロファイルがある程度わかっている関係性なら、この切り替え質問によって、相手も直面している課題から一度目を離し、俯瞰で見直すきっかけになるだろう。

▼問題から離れる質問で切り替える

刑事ドラマの取り調べで、威圧的なこわもて刑事が急にやさしい声音で「おふくろさんは元気かい？」と尋ねるシーンがあるだろう。自白を促すあのシーンのイメージで、**できるだけ遠く離れたポイントを探すことが膠着状態の打破につながる。**

○質問「ちょっと視点を変えて質問してもいいですか？」

と、前振りをするとさらに切り替えが鮮やかになる。

プライベートでパートナーと休日の過ごし方を巡って険悪な雰囲気になったときなどにも、この切り替え質問は効果がある。「なんで黙ってるの？」と言ってしまうと、相手を責めることになり平行線状態が続く。

○質問「ところで去年の誕生日はフレンチだったね。今年は何にする？」

このように**プラスの話題で切り替えれば、**休日のすれ違いを解消する話し合いへスイッチしやすくなる。

「あなたが○○在住だったら、こんなときどうすると思う？」

具体的なシチュエーションを提示し、ロールプレイングゲーム的に質問で意見を引き出す

こんな場面で

会議やブレストで発言できない人に意見を言わせたいとき

こんな質問も

「君が入社1年目だったらこの企画に賛同できそう？」

▼頭の中の考えを引き出す質問

企画会議やチーム内のブレストで、積極的に発言できない人がいる。アイデアや意見を持っているにもかかわらず、なかなか口を開くきっかけがつかめない。おそらくそういう人は、自分の頭の中にあることをどう表現すればいいのかがわからず、自信を持てないでいる。チームリーダーがこのタイプの人の発言を聞こうとして、次のように問いかけるケースがあるだろう。

△質問「○○さん、今挙がった件について何か意見はないですか？」
答え「先ほど□□さんがおっしゃった通りだと思います」
△質問「担当者の一人である○○さんの考えもあるかと思いますが……？」
答え「そうですねぇ……」

と、言いよどんだところで誰かが助け舟を出して会話が流れていく。そうなると、○○さんの意見は聞けないままで、○○さんにしっかりと考えてもらう機会を逸することになる。場の空気もなんとなく停滞するかもしれない。

しかし、こうした状況でも打開策はある。

私が受験生向けの小論文や小学生の作文の書き方を教えるとき、自分の考えをうまく表現できない子や、ある程度の長さの文章を書き切れない子には、「君だったらどうする？」と、書き手を「ある立場」に仮定して書かせてみる。

格差社会を課題とする小論文ならば、「君が就職できなくて、ずっと貯金ゼロで、結婚なんて考えられない……という状況だったとしたら、どんな気持ちになり、どんな考えを持つと思う？」という聞き方で具体的に考えさせる。

小学生の作文を指導する場合は、「道で魔法の箱を拾いました。開けてみたら何が出てきましたか？」などと状況を設定して質問し、その架空の世界の中で自由に発想させる。すると、「お菓子が入っていた」「銀色の鳥の羽根が1枚」といった想像から、自分の体験や感情に視野が広がっていくのだ。

▼盛り上がらない会議が「仮定の質問」で活気づく

「あなたの意見は？」「どう考えている？」と聞かれると言葉が出てこない場合でも、立場や状況を仮定して質問すると相手は答えやすくなる。要は、ロールプレイングゲームをイメージすればいい。ビジネスの会議やブレストでは、次のように投げかけてみる。

○質問「もしも君が入社1年目なら、この企画に賛同できそう？」
○質問「あなたがアメリカ在住だったら、こんなときどうすると思う？」

このように聞くと、現在の自分ではない「仮の」**自分として答えることができるため、相手は自分の考えを発言しやすくなる。**「つまらない意見だと思われたらどうしよう」という**不安が少し解消されるわけだ。**

また、頭の中にいい考えがなかったとしても、「仮に」と限定すれば、その場で自由に発想できる。結果として、いい答えを導き出せる可能性が高まる。

それまで発言できないでいた人の口数が増えたり、会議に積極的な姿勢を見せるようになったら、仮定の質問によって「相手が乗ってきた」ということだ。それはつまり、自分の考えをまとめたり発言したりするためのエンジンがかかった状態なので、コミュニケーションの加速が大いに期待できるだろう。

「一つ確認したいのですが、それは○○ということですよね？」

「一つ」と限定した質問をきっかけに、深掘りしていく

こんな場面で

できるだけ対立を避けたいとき。じっくりと相手の考えや情報を詳細に引き出したいとき

こんな質問も

「一つ教えていただけますか？」

「一つ提案させていただいても？」

▼「一つだけ……」と問うことのメリット

立場上あるいは状況的に反対意見を言いづらいときでも、意思表明のコツを知っておけば言わずに後悔することはない。

人気テレビドラマ『相棒』をご覧になったことはあるだろうか。水谷豊演じる非凡な推理力で難事件を解決していく警視庁特命係の杉下右京と相棒の活躍を描く刑事ドラマだ。初期の頃ほどのおもしろさはなくなったが、2000年に放送開始以来、長寿番組として知られている。

杉下右京は犯人だと疑った相手の前に現れ、去り際に、一本指を立てながら、よくこう言って質問するのだ。「ああ、すみません、もう一つだけよろしいですか」。

犯人からすると、「やっと帰ってくれる」「なんとかボロを出さずに済んだ」と油断しているところに、「一つだけ……」と言ってさらにしつこく質問され、逃げ道を塞がれていくわけだ。

たとえば、目の前の相手の発言内容に疑問を感じたとする。最初は販売目標100万個を「今期内に」と言っていたのに、会話が進むにつれ「年内に」と変わっている。相手の発言が不安定で怪しさを感じたら、誰でもその場で承諾の立場を取ることは難しいだろう。

こんなときは、相手の言い分を最後まで聞いた後、

○質問「一つ確認したいのですが、それは今期内の目標ということですよね？」

と質問してみる。「一つ」と限定することで、相手に身構えさせることなくこちらの質問を聞いてもらえる態勢に持ち込める。「ちょっとついでに伺うだけですよ」という雰囲気を匂わせつつ、疑問の解消につながる問いかけをしていくのだ。

▼「ついでにあと一つ」と質問を重ねる

じっくりと話を聞いたものの、本心では相手にまったく賛同できないときは、「一つ確認したいのですが……」と質問した後、

○質問「ではもう一つ教えていただけますか？」

○質問「ついでにあと一つよろしいですか？」
○質問「最後にもう一つだけ……」

と、杉下右京よろしく質問を重ねていけばいい。もちろん、話の最後まで待つ必要はない。話の途中で「一つ確認したいのですが、いいですか？」「一つ教えてもらえますか？」と挟み込んでいく手もある。

自分の主張を無理に通そうとして相手を否定してかかると、摩擦が生じる。そんな強気な態度には出られないという人は、重要な打ち合わせでいつも不完全燃焼なままでいることだろう。

だが、そんなときこそ使えるのが質問だ。

質問には、会話相手との立ち位置の違いをフラットにしてくれるという大きな役割がある。うまい言い方とタイミングを知っておけば、不利な状況を一発逆転することも可能だ。

■4-4　理不尽な要求に負けない

「その作業をするには、○○先輩にも協力していただくことになりますが、了承済みでしょうか？」

無茶振り、理不尽な要求には相手の穴を突いて対抗

こんな場面で

「できます」「できません」の返答を迫られ、できれば断りたいとき

こんな質問も

「営業部に借りを作ってしまうけど大丈夫ですか？」

「そうすると○○はあきらめざるを得ないけど、いいの？」

▼パワハラ撃退にも質問が役立つ

理不尽な要求をされておとなしく従い、後悔の念にかられたことはないだろうか。相手の勢いに飲まれて何も言えなかった自分に腹が立つという経験は、どなたにもあるだろう。

終業間近に、上司から仕事を無茶振りされたとする。上司の指示には従うべきだが、本当にそれは今日やらなければならない仕事なのか、はたまた上司の気分なのかわからない。こちらの対応しだいでは上司の出方も変わるかもしれないというピンチにも、質問が役立つ。

まず、上司が無茶振りする仕事がどういうものかをしっかり聞く必要がある。そのうえで、こちらが突っ込める穴を探す。

○質問「その作業はいつも○○先輩のご指導のもとでやっていましたから、先輩にも協力していただくことになりますが、了承済みでしょうか？」
○質問「今月これ以上残業すると残業の上限規制を超えますが、人事部からチェックが入りませんか？」

先に相手の穴を突いておいて、「どうですか？」「大丈夫ですか？」と投げかけるのがコツだ。相手に深い考えがなく思いつきで理不尽な態度に出ている場合は、相手の発言の穴を見つけて脅すだけでグラグラし始める。「できます」「できません」の返答の前に、このように質問することで活路を見いだせる可能性が広がるというわけだ。

相手が態度を変えない場合も、「なぜ私なのですか？」「どうして今日なのですか？」「○○部長はご存じですか？」と矢継ぎ早の質問で相手をかく乱しながら情報収集し、交渉への時間稼ぎができる。そうすれば、指示の内容の軽減や変更、取りやめへと持っていくこともできるかもしれない。

▼相手が嫌がる結果を質問でほのめかす

上司からの指示や命令ではなく、こちらが強気に出られる状況ならば、脅しの手を取る方法もあるだろう。たとえば、相手の理不尽な要求に従うには、相手にとっての天敵、あるいはわれわれにとっての天敵の協力が不可欠だと強調する。

○質問「その条件を飲むには、われわれのライバルともいえる○○さんの力を借りる以外に方法がありませんが、いいんですか？」
○質問「営業部に借りを作ってしまいますけど大丈夫でしょうか？」

プライベートの関係で嫌な目に遭いそうならば、

○質問「じゃあ、○○さんに相談してみるけど、この件が伝わっても問題ないのかな？」
○質問「そうすると○○はあきらめざるを得ないけど、いいの？」

と、相手の弱みを突いて、対抗の姿勢を示す。

理不尽な要求に対抗するには、泣き落としという手もある。しかし、**質問という武器がコミュニケーションのピンチを救ってくれる**ことを頭に入れておけば、ここその窮地で一矢報いることもできる。

「今月中に次の打ち合わせをお願いしたいと考えておりますが、ご予定いかがでしょうか？」

言いづらいお願いは「意見＋質問語尾」で緩和

こんな場面で

どうしてもこちらの希望を通す必要があるが、少々無理がありそうなとき

こんな質問も

「……と考えておりますが、可能でしょうか？」

「……と思いますが、後学のために教えていただけますでしょうか？」

▼紋切り調をバージョンアップ

商品の納期に間に合わないというピンチのとき、「あと3日待ってください」と取引先にメールしたら、相手はぶしつけに感じるだろう。約束を守れないことに対する謝罪の気持ちはないのかと気分を害し、「いやどうしても納品してもらわなければ困る」と意固地な態度に出ることも考えられる。そして何より信頼を失う。

しかし、「3日のご猶予をいただけませんか?」というように質問の形で丁寧な表現を用いれば、たったひと言で信頼を失うこともないし、今回は大目に見てチャンスをあげようと思ってもらえる可能性が出てくる。

日々の仕事は、こうしたビジネス的な言い回しをベースに粛々と動いている。

誰もが学生時代には聞いたことも使ったこともない婉曲表現やおだて、謙遜の言い回しなどを仕事の中で身につけながら、無意識のうちに使いこなしてスムースな仕事の進行に役立てている。

相手に対して言いづらいお願いをする必要があるケースでは、**ビジネスベースの言い回しをバージョンアップさせた質問**でピンチをしのげる。多忙な相手に打ち合わせを依頼する例を考えてみよう。

△質問「厚かましいお願いですが、再度打ち合わせできますか？」
○質問「今月中に次の打ち合わせをお願いしたいと考えておりますが、ご予定いかがでしょうか？」

「厚かましいお願いですが」とへりくだる代わりに**自分の考えを示し、後に具体的な質問を続けて締める。**先に意見を述べた後に質問する「意見＋質問語尾」のスタイルなら、要求を押しつけがましくなく伝えられる。

企画の方向性の変更を通す必要があるときも、

△質問「急な変更で恐縮ですが、ユーザー対象年齢の見直しをお許しいただけますか？」
○質問「ではこの企画は20代対象の路線に変更したいと思いますが、問題ないでしょうか？」

と先に意見を述べて質問する。無理なお願いは言いづらいからこそ「厚かましいお願いですが……」「恐縮ですが……」といった紋切り表現に状況を委ねてしまいがちだ。あと一歩の詰めの甘さで残念な結果を招かないよう、「意見＋質問語尾」のスタイルで、要求をスムースに通せることを頭に入れておこう。

▼曖昧な約束事項の確認にも使える

「意見＋質問語尾」のスタイルをアレンジすれば、**約束の内容を確認しないまま失念し、今さら聞けないという状況に陥ったときにも使える。**たとえば、引き受けた仕事の期日や、講演やセミナーの参加の誘いを受けたが、招待されたのかどうかが曖昧でわからなくなってしまったというケースでは、

○質問「〇〇〇〇のお約束を承知しておりますが（楽しみにしておりますが）、詳細を確認させていただけますか？」

と聞けば、相手が「自分のミスかも」と思ってくれるかもしれない。

■4-6 相手の急な不機嫌に対応

「何か気になることがおありですか？」

重い空気になった理由を確認してリセットを図る

こんな場面で

相手が不機嫌な表情を見せたり、急に黙り込んでしまったとき。目上の相手への対応で失敗できないとき

こんな質問も

「強引に話を進め過ぎましたでしょうか？」

「不愉快なことを申しましたでしょうか？」

▼不機嫌の理由は「教えてください」と問う

コミュニケーションのピンチにはさまざまあるが、最悪のケースは相手が怒ってしまうことだろう。なかでも自分の失言で相手がムッとしてしまったときは、逃げ出したいような気持ちになるものだ。

そのようなときは、すぐに謝るのが最善の方法だ。「言葉の選び方を間違ってしまいました。○○と言うべきでした」「御社の社長の経歴を記憶違いして、大変失礼なことを申し上げました」と、素直に頭を下げる。

それでも相手の機嫌が収まらないようなら出直すしかないが、多くの場合はその場で収まるだろう。

しかし、さっきまでとても情熱的にしゃべっていた人が急に黙り込んだり、目を合わせなくなったりしたらどうだろう。何か気に障ったのだろうかと思いを巡らすが、心当たりがない。

場の空気がだんだん重苦しくなっていくそのようなときは、**「あなたの様子が急に変わってしまったように感じるが、理由がわからないので教えてほしい」**というスタンスで質問をしてみる。

○質問「何か気になることがおありですか？」

質問されれば、相手は答えなければならない。

不機嫌になった理由が、「この商品のメイン購買層は30代のおじさんですから」という発言に、30代の相手がカチンときたことだとしたら、それを口にするのは恥ずかしいかもしれない。怒っているというよりも、「そうか俺も20代から見ればおじさんか」と落胆しているだけとも考えられる。

ならば、「いや、ちょっと別のことを考えていて」というごまかしの答えが返ってくる可能性がある。

あるいは、携帯に緊急のトラブルを知らせる連絡が入り、上の空になってしまったのかもしれない。急に腹痛が起ったということも考えられる。

▼答えることで相手も冷静になれる

いずれにしても、こちらから問いかけることで、不機嫌の理由を相手が言いたければ言うし、言うほどでもないと思えばごまかしたり言い訳をする。

本当に怒っていたとしても、質問を受けることで冷静になって気分を切り替えることができる。急な不機嫌の理由がどのようなことであっても、**相手から答えなり反応なりを得ることで、対応策を考えていける**だろう。

○質問「何かおっしゃりたいことがおありになるような気がしますけど、どうですか？」
○質問「不愉快なことを申しましたでしょうか？」
○質問「強引に話を進め過ぎましたでしょうか？」
○質問「私、何か間違いがありましたでしょうか？」
○質問「不穏当な表現をしてお気に障りましたか？」

質問フレーズのバリエーションを持っておくことで、ピンチのときの重い空気をリセットでき、臨機応変な対応が可能になる。

「2時間ドラマでいうと、今10時20分ぐらい？」

冗談を装うパターンとビジネスパターンを覚えておくと便利

こんな場面で

相手に悪意はないが、話が長くて主旨がつかめないとき

こんな質問も

「結論としては、どうなりますか？」

「察しが悪くて申し訳ないのですが、お話は今、〇〇のご解説中ということで合っていますか？」

▼長い話にはあえて質問で水を差す

相手の話が長過ぎるという状況がある。もともと物事を丁寧に描写しながらじっくりと話すタイプの人はいて、話そのものには含蓄があり、得るものもある。しかし、とにかく話の終わりが見えない。会って話すと時間が読めないというシチュエーションは、ピンチと呼べるだろう。

相手が朗々と話し続けるような場合は、無理に話を遮ろうとすると「自分の話が十分でないから伝わらないのだ」とカン違いし、さらに丁寧にじっくりと話し続けるという事態を招きかねない。

このようなとき、私はクラシック音楽愛好家の知人に対してならば、

○質問「今、ソナタ形式でいうと第何部ぐらいですか？」

と言ってみる。ソナタは序奏・提示部・展開部・再現部・結尾部から成る楽曲形式で、仮に相手が「今は序奏だよ」と返せば、「じゃあまだまだ先は長いね？」と冗談めかしてチクリとやるわけだ。こうした**冗談めかした質問**が、自分にとって居

心地の悪い状態を好転させる。

長い話を聞いていて、主旨がつかめなくなったときに使える例を挙げておこう。

○質問「2時間ドラマでいうと、このお話は今10時20分ぐらい？」

○質問「あれ？　何の話してましたっけ？」

ただ、これらは親しい間柄であればできるが、仕事相手にははばかられるだろう。ビジネスシーンでは、次のような質問が使い勝手がいい。

○質問「結論としては、どうなりますか？」

○質問「察しが悪くて申し訳ないのですが、お話は今、○○のご解説中ということで合っていますか？」

「お話の筋道が取りきれなくなったので、先に結論を言っていただけたら整理できそうです」というニュアンスを込め、あくまでも自分の未熟さゆえのお願いであると印象づけることが肝要だ。

▼質問で相手のペースを乱すこともできる

話が長い人は、自分が相手のことも考えずにダラダラとしゃべっていることに気づいていないことが多い。悪意がない人ほど、相手が自分の話に喜んでいるとさえ思っている。だから、相槌を打つのをやめたり、よそ見しながら聞いたりすれば、それだけで気分がそがれ、自分の話しぶりに気づくこともある。

話の途中で「ん？」と投げかける、異議申し立ての質問テクニック（1－10）のひと仕草で、こちらが不満やストレスを感じていることを伝えられる。

また、せっかちっぽく早口で矢継ぎ早に質問すると、話のテンポを乱されるうえに答えるのが面倒になって、だんだんトーンダウンしていく。

相手の話をちゃんと聞く姿勢は、人として持っておくべき大切な要素だ。だが、いい顔をしようとし過ぎると、コミュニケーションで損することもある。**日常会話のちょっとしたストレスも、質問で解消できる**ことを覚えておいてほしい。

「貴重なお話は機会を変えて伺うことにして、本日の議題をまとめませんか？」

会話のMC力を駆使し、話題の切り替えチャンスを狙う

こんな場面で
自慢話や説教が終わらず大切な話に進めないとき

こんな質問も
「時間が迫っていますので、次のテーマへ移りませんか？」
「いくらでも聞けちゃういいお話ですが、先へ進みませんか？」
「あ、コーヒーまだありますか？」

▼自慢と説教が止まらない相手に困ったら

長い話の大半は自慢話であることが多い。私自身の体験を振り返って最も困ったのは、目上の偉い人の長い長い自慢話だ。単に時間が長いことが迷惑なのではない。やっかいなことに、長い自慢話はときに説教に変わっていく。

かつて聞いた話だが、上司がある1人の部下に会社で2、3時間説教した。その後、うちへ来いと言って部下を連れ帰って説教を続けたうえ、その晩は泊まらせて翌朝からまた説教を再開したという。

ハラスメントという言葉がまだ社会に浸透していなかった時代のエピソードではあるが、これはもちろんパワハラと言われても仕方ない。しかし、現実的に考えると、そんなに長い時間ぶっ通しで説教できるだろうか。おそらくその説教は、途中から自慢話に変わっていったのだろうと想像する。

つまり、自慢と説教はワンセット。始まりがどちらであれ、両方を行きつ戻りつしながら話し手は相手に自分の話を聞かせることで満足感を得ていくわけだ。

ここで今一度思い出してほしいのが、**質問とはそもそも何かということだ**。先にお話しした通り、**質問者の役割は会話のMC役だ**。つまり、相手が自慢屋や説教好きで自分が不利な立場にあったとしても、質問しだいで会話の流れを変えられる。

▼質問で場の空気を入れ替えるコツ

まず、自慢話が長いケースを考えてみる。大勢が参加する会議で延々と自慢話を続ける人がいる場合は、質問で「時間」に意識を向けさせる。

○質問「貴重なお話は機会を変えて伺うことにして、時間が迫っていますので、そろそろ本日の議題をまとめませんか？」

このように、相手を否定はせずに持ち上げたうえで、事態の転換を図る。一対一の場合は、次のようにまさに空気を入れ替える。

○質問「なるほど勉強になります。……少し休憩入れますか？」
○質問「たくさんお話しいただき恐縮です。あ、コーヒーを入れ直しましょうか？」

終わりどきがつかみづらいオンライン会議では、「ちょっとお手洗いに」「すみません、スマホに着信が……」といった「こちらの都合」で切り替えるのも手だ。

次に、説教好きのケースだ。この場合は、黙って聞いているだけでなく、自分は十分に反省しています、**後学のために今教えを乞いたいという姿勢を示しつつ質問をするのがコツだ。**

相手が自分の体験を語っていたなら、話を止めさせようとするよりもむしろ「そのときどんなエビデンスを提示したのですか？」「その取引会社のガバナンスは、いつ頃から崩壊していたのですか？」と具体的かつ矢継ぎ早に質問をするといい。

すると、はじめは機嫌よく答えていた相手も、調子を狂わされだんだん面倒になり、会話を終える方向へ気持ちが向かうようになる。厳しいお叱りを受けている状況ではタイミングを見計らう必要があるが、質問をうまく使えば説教を最短で終わらせることが可能だろう。

「あいつに説教すると逆に質問されて鬱陶しいからやめておこう」と思われれば、願ってもない好展開だ。

「そういえば、ワイドショーで話題のそのシェフのレストランには行ったことありますか？」

関心のない話題は、相手の言葉からキーワードを見つけて徐々に話をそらしていく

こんな場面で

人の悪口、ゴシップなど聞きたくない話題を延々とされている状態を解消したいとき

こんな質問も

「不倫といえば、こないだ話してたミステリー、ものすごいどろどろの不倫が動機になってたんじゃなかった？」

▼否定はせずに質問で相手の勢いを削ぐ

雑談が苦手な人間にとって、おしゃべりな相手は助かる。黙っていても相手が話を続けてくれるので、自分から話題を提供する必要はない。うまく相槌を打っていれば、沈黙の時間が訪れることを心配する必要もない。

しかし、相手の話す内容についてまったく関心がない場合は、雑談とはいえ苦痛を感じることだろう。関心がないどころか人の悪口やゴシップなど、自分ができればしたくない話を延々とされるのは誰でも気が滅入る。

黙って聞いていると、誰かの悪口に同意したともとられかねない。芸能人のスキャンダルにうなずいていたら、自分もその手の話が好きだと仲間に噂を流されてしまうかもしれない。不名誉なことにならないよう、手を打っておくことも大切だ。

たとえば、会話している相手が芸能人の不倫スキャンダルを話題にし、今朝見たワイドショーの情報を詳細に教えるのをやめてほしいとき、私なら次のように言ってみる。

○質問「不倫といえば、こないだ話してたミステリー、ものすごいどろどろの不倫が動機になってたんじゃなかった?」
相手「え……何の話?」
○返答「ほら、今度映画化されるミステリーだよ。こないだ、みんなで話したじゃないか」
相手「あ、そうだったな」
○質問「タイトル、忘れた。なんていうタイトルのミステリーだっけ?」

不倫というキーワードをうまく使えば、一見突飛な質問のようだけどあなたの話と関連しているんだよ、ということを示せる。そのうえで微妙に相手の話す勢いを削げる。つまり、相手の話の中から、自分の土俵へ持ち込めそうなキーワードを探せばいいというわけだ。

▼キーワードを盛り込んだ質問で別の話題へ誘導

相手が「不倫相手はフレンチのシェフで……」と言って饒舌をふるったら、

○質問「そのお店に行ったことある？　有名なんでしょう？」
○質問「フレンチと言えば、東京だと今どこがおいしいの？」
○質問「シェフってそんなにモテるのかね？」

このようにキーワードを盛り込んで質問すると、あたかも話を展開させたかのような錯覚を相手に与える効果すらある。相手の話を否定するでもなく、うまくかわしながら、関心ない話を収束へ向かわせることができる。

ただ、そこでいったん切れた話題がまた戻ってしまう可能性があるので、用心のためにその嫌な話題をできるだけ遠くまで離す。

○質問「今ってどんな職業がモテるんだろうね？　やっぱりユーチューバー？」
○質問「たまに豪勢なディナーをするのは、人生の楽しみだと思わない？」

そこから相手が新しいキーワードを拾ってくれたら、それに越したことはない。

5章

人を動かす質問

「そのアイデアよく思いついたね。実現するのはいつごろのイメージ?」

相手の言動の褒められる箇所を探してから、行動を促す質問をする

こんな場面で

部下や後輩の仕事ぶりに不足や不満があり、もっと自信を持たせたいとき

こんな質問も

「本当にいつも仕事が丁寧だ。迷ったときはどうしているの?」

「さすがに当を得た企画書だ。どれくらい時間をかけた?」

▼情緒的共感を示してから質問する

チームの士気を高めようとして、逆にやる気を失わせてしまう人がいる。自分は腹を割ってよいコミュニケーションがとれたと満足しているが、相手にはまったく響いていないことに気づかない。叱ったわけではない。説教をしたわけでもない。それなのに、部下や後輩のためを思って図ったコミュニケーションが逆効果になるとしたら、非常に残念なことだ。**人を動かしたいとき、どんな質問でコミュニケーションを図ればいい関係が作れるのか**を探るのが本章のテーマだ。

仕事の進行状況が思わしくない部下や後輩がいるとしよう。心の中は、周囲からできない奴だと思われているはずだという不安でいっぱいだ。そんなとき上司から、

×質問「アイデアは悪くないけど、仕事の手順を再度確認して。この案件にいつまでかかっているの?」

と言われたら、ますます落ち込み、失速するだろう。人は誰でも、すべて自分一人で決め、すべて一人きりでやり切るのは不安でたまらない。応援したり、並走し

たり、近くで見守っていてくれる人の存在が何よりのエネルギーになる。それは仕事だけに限らない。人生のちょっとした迷いが生じ、「これでいいのかな……」とつぶやくともなしにつぶやいたとき、そばで家族が「それでいいんじゃない？」と言ってくれるだけで、「なんとかなるさ」と思える。家族のその言葉に何の根拠もなかったとしても、前へ進むときの心の支えになる。

人を動かすのは論理的な説明や説得ではなく、情緒的な共感だ。仕事だからといって論理的に説明することだけが相手にとって助けになるわけではないのだ。不安で前へ進めないとき、自分でもわかっていることを指摘されたり、仕事の手順を再度教えられたりしても、モチベーションは上がらない。

▼「味方」として接する質問でコーチング力を発揮

情緒的な共感を示すのに欠かせない視点は、**相手の言動をまず褒めてから、行動を促す質問をすること。**このとき有効なのが、「確かに～しかし～」（1－4）を応用した質問だ。

○質問「（確かに）そのアイデアは誰も思いつかなかったいい視点だね。ところでいつごろ実現できそうなの？」

部下や後輩の仕事ぶりに不満や不足があったとしても、いいところを見つけ出して褒める。**「確かに」に当たる前段で相手に共感を示したうえで、「しかし」や「ところで」で切り返して行動を促す問いかけをする。**

質問に情緒的な共感が含まれていれば、相手は質問者に対して「この人は自分の味方だ」と感じるだろう。その安心感が背中を押して、不安を感じながらも動き出すことができるというわけだ。

P.191の×質問例は見ておわかりの通り、その逆だ。ダメ出しをし、さらに叱責している。このような質問は、相手からすれば「敵」の働きかけに見える。相手は委縮し、チームの士気は下がるだろう。

ちょっとした質問の差で、「敵」と見られるか「味方」と感じてもらえるかが分かれる。**味方として質問することを心がけるだけで、コーチング力は高まるはずだ。**

■5-2 胸襟を開かせる

「他の人とは目つきが違うね。普段どんな勉強をしているの？」

手強い相手には主観で褒めて、承認欲求を満たすような質問が効果的

こんな場面で

モチベーションを刺激したい人がいるが、接し方がわからないとき

こんな質問も

「ボキャブラリーが豊富で作家と話しているみたいだ。いつもどんな本を読んでいるの？」

「〇〇のセンスいいですね。どこで身につけたんですか？」

▼褒め言葉に根拠はいらない

質問の仕方によって、相手がイキイキと話してくれるかどうかが決まる。この項目では、**相手が思わず胸襟を開いてしまう奥の手**を紹介しよう。

褒め言葉はいい記憶として残りやすい。私も、20代の頃にかなり年長の人から言われたこんな言葉をよく覚えている。

○質問「他の人とは目つきが違うね。普段どんな勉強をしているの？」

言い方を変えれば、その人は「見どころがあるね」と言ってくれたのだろう。血気盛んな20代のことだ。うれしくないわけがない。だが、当時の私の目つきが、周囲の誰から見てもそのようだったかと言えば、それはわからない。「他の人とは目つきが違うね」というのは、あくまでもその年長者の主観だ。だからこそ、このような質問は破壊力がある。「あの人だけはわかっていてくれる」「見てくれている」「もっと自分のことを知ってもらいたい」という気にさせる。

質問者側からすれば、このひと言で味方であることを印象づけられるというわけだ。こうした褒め言葉は、客観的なデータは存在しないまったくの主観だから、アレンジすれば誰にでも使える。

○質問「他の人とは仕事をしているときの熱意が違うね。普段どんなことを大切にして仕事をしているの？」

○質問「他の人とは人の話を聞いているときの姿勢が違うね。もしかして将来、起業を目指している？」

主観の部分は、「○○のセンスがいいね」「将来化けそうなオーラがあるね」など、**できるだけ具体的に示すのがコツだ。その後に、相手がいい気分で語れそうな内容について質問を続ける。**

▼承認欲求を満たす質問のコツ

部下や後輩のモチベーションを高めるような、共感的なコミュニケーションを心がけたいがうまくいかない理由は大きく分けて二つある。一つは、単純に相手の得手不得手や趣味嗜好を知らないことだ。要するに、観察していないので褒め方のヒントがない。

もう一つは、自分たちは上の人たちからいい気分にさせてもらったことなどないのに、下に対して褒めたりできるもんかというひがみ根性だ。しかし、ひがみ根性は、人に認められたいという承認欲求があるからこそ生まれる感情だろう。

誰でも承認欲求を満たしたい。満たしてもらえれば力が湧いてくること、自信を持って行動できることを自覚している。だが、身近な人の承認欲求を満たしてあげようと真剣に考える人は稀であろう。

質問をコミュニケーションの武器にできる人は、周囲の人たちの日頃の会話や行動を観察し、**相手が言われてうれしいことから会話を始めてうまく相手の気分を乗せる。そのうえで相手に寄り添った質問ができる**から、相手は思わず胸襟を開いてしまう。世代間ギャップに悩むこともなく、周囲からの信頼も厚い人は、**質問で「あなたに関心を持っている」ことを示しつつ、さりげないコミュニケーションで相手の承認欲求を満たしている人**と言える。

「全力を出し切れなかったみたいだね。どうしたらよかったと思う？」

ポジティブな言い回しに換えて、責めるニュアンスを質問に込めない

こんな場面で

失態を犯してしまった人に対して、ひと言言わなくてはならないとき

「前にあなたはこう言ってたよね、それをやればいいんじゃない？」

こんな質問も

「君はそのやり方に気づいていたんじゃないの？」

▼質問すれば傷つけずに気づかせられる

私は、高校で小論文添削をする先生方への指導を行うことがある。これまでの経験から言うと、もう少し勉強してほしいと感じる先生方の指導には2種類のタイプがある。一つは、ダメな箇所が一つあるだけでボロくそにけなす人。もう一つは、生徒がかわいそうだからと言ってまったく注文をつけない人だ。

どちらの先生の問題が大きいかと言えば、私は後者の注文をつけない人だと考えている。後者の先生方が指導しない理由の大半は、生徒を傷つけるのが怖いからだ。傷つけない伝え方がわからず、伝え方を工夫してみようという姿勢も乏しい。

とくに非常に残念なのは、当たり障りのない文言で修正の赤字入れをしたり、「なかなかいいよ」などとコメントして、10点満点中の6点をつけることだ。「なかなかいいよ」と書かれたら、生徒は褒めてもらえたと受け取るだろう。それなのに評価が低ければ、生徒を困惑させるだけでなく向上心を奪いかねない。

おそらくそういう先生方の多くは、授業やホームルームも同じような姿勢で臨んでいるのではないだろうか。修正すべき点に気づいているにもかかわらず、指摘や叱責をせずにやり過ごすという対応は、よい指導とは言えないだろう。

もちろん、ボロくそにけなす指導を肯定しているわけではない。欠点を示すだけで終わってはいけないが、まず、欠点ははっきりと示すことが大切で、そのうえで改善のヒントを教えさえすれば、生徒は傷つかない。この指導する側の心構えは、学校教育だけでなく仕事や日常生活の同じようなシチュエーションで応用できると考えている。

▼ポジティブな未来につながる問いかけを

部下や後輩の言動に対してひと言言う必要があるとき、相手を傷つけることなくこちらの指摘を聞き入れてもらい、今後に生かせるような働きかけをするのはそれほど難しいことではない。次のように質問してみてはどうだろう。

○質問「全力を出し切れなかったみたいだね。どうしたらよかったと思う？」
○質問「あなたのやり方が間違っていたわけではないけど、他にも方法があったと思わない？」

叱る必要がある場合も、ポジティブな質問に置き換える。相手に反省の言葉を言わせようとしたり、追い詰めるような質問を重ねるのではなく、相手の視線と思考がこれから未来へ向かうような問いかけをする。

○質問「前はできたじゃない。前と同じことを今回もやればよかったと思わない？」

○質問「今回はしくじったけど、うまくいくやり方に本当は気づいていたのでは？」

救いようのない失態を犯した相手でも、

×質問「どうして取り掛かる前に相談してくれなかったの？」

○質問「今回の勇気あるチャレンジ、何年後に実を結ばせようか？」

と、ポジティブに置き換えれば、ユーモアを交えてこれから先の話ができる。

「何か一つ考え忘れていることがあるんじゃない？」

質問で「3WHAT」「3W1H」の抜け落ちたピースを探させる

こんな場面で

試行錯誤の筋道がわからず停滞している人にヒントをあげたいとき

こんな質問も

「一緒に棚卸ししてみましょうか？」

「次回に向けて一緒に考えてみようか？」

▼頭を整理させるための質問術

ここでは、失敗して落ち込んでいる人を再起動させる質問を考えていく。前項に引き続き小論文の添削指導を例にお話ししよう。問題がある添削の例として「ダメな箇所が一つあるだけでボロくそにけなす」教師について触れたが、このタイプのなかには問題点一つひとつにダメ出しをする人がいる。

「ここは意図が不明」「例が適切でない」「論理に矛盾がある」という具合に次々とダメ出しをされると、生徒は自分の考えたことをすべて否定されたような気持ちになり、自信を失う。何をどう修正すればよい小論文になるのかを考える道筋も見えづらくなる。

では、よい添削というのはどのようなものか。たとえば、「高校生がアルバイトをするのは良いか悪いか」という課題の場合、生徒の主張、つまり結論の部分は肯定してあげる。そのうえで、ではその主張をするために必要な材料が十分かどうかを検討していく。

「そもそも高校生の本分は勉強なのだから、アルバイトには反対」であるならその説得理由を。逆に「そもそも高校時代とは社会に出るための準備期間でもあるから、アルバイトに賛成」ならば、その根拠を。ダメな箇所一つひとつを指摘するのではなく、全体的な本人の主張は肯定し、その主張に説得力を持たせるために何が足りないかを考えさせる。このとき、思考を整理するのに役立つのが「3WHAT」(1-1)と「3W1H」(1-2)の視点だ。

たとえば、賛成の立場で主張するとき、背景や原因(WHY・理由)について考えていなかったせいで視野が狭く、浅い文章になっていることがある。**「これについて考えてみた?」と問いかけることで、書き手は自分がどこで失敗したのかを自分で発見できる。**

▼棚卸し質問で本人の気づきを助ける

ビジネスでも、もう一度トライさせたいときに大切なのは、**相手が頭の中を整理できるような質問を投げかけ、問題点を本人に気づかせる**ことだ。

×質問「予算のことは考えていなかったの?」
○質問「何か一つ考え忘れていることがあるんじゃない?」

×例のように質問する側が答えを言うよりも、○例のように聞けば、答える側は考えを巡らせることができる。「3WHAT」と「3W1H」の視点をヒントとして提示してみるのもいいだろう。

コーチングに「棚卸し」というスキルがあるそうだ。直面している課題解決のためのアイデア出しを、コーチとクライアントが二人三脚で行う。

○質問「一緒に棚卸ししてみましょうか？」

失敗した人を励ましつつ、互いに次へ向けて考えるきっかけも、質問が作ってくれるというわけだ。

頭の中で考えがまとまらないときは、表を作って可視化するのも一つの手だ。**問いを投げかけながら思考の棚卸しを促す**ことで、相手は課題達成のために必要な要素、優先順位などさまざまな指標で分析でき、次の行動が見えてくるだろう。

「ボトルネックになっていることがある？」

問題解決の糸口が見つかるような具体的な質問がカギ

こんな場面で

このまま放っておくと相手が動かず、事態が悪化しかねないとき

こんな質問も

「企画部の○○さんがこのテーマに詳しいって知ってる？」

「前任者か課長か、どちらかにアドバイスもらいに行く？」

▼動き方がわからない部下を質問で動かす

チームの中に仕事が止まってしまっている人がいると、全体の士気が下がる。なんとかしてその人物に改善を促したいとき、うまいやり方はあるだろうか。

仕事が止まっているときというのは、糸口がつかめずにどうすればいいかわからない状態であることが多い。**動き出し方がわからないから、グズグズしている。**そのような姿に周囲は、「なんでなんだ」「一体、何をしているんだ」とイライラするだろう。

だが、こんなときは、叱ったり問い詰めたりしたところでいい効果は望めない。やらなければならないのになかなか手をつけられないのは、結局、何から手をつけたらいいのかわからず、頭の中で整理がつかないからだ。たとえば、新規企画に必要な資料集めを任された部下の仕事がいっこうに進まないとき、次のように質問してみる。

○質問「ボトルネックになっていることがあるんじゃない?」

「今、作業が止まっちゃってるけど何か理由があるはずだよね？」と投げかけてみるのだ。

事実、仕事が滞っている場合、「社内のどこに資料が保管してあるのか」「どの部署の誰に相談に行けばいいのか」がわからなかっただけということもあり得る。言うまでもなく、

×質問「なんでまだやってないの？」
×質問「これまでの時間、何していたの？」

といった不満をぶつけるだけの質問は心で封じ、相手の行動を促す質問へチェンジさせていく。コツは、相手が作業を遂行するための第一歩を踏み出せ、自分が取るべき行動に気づけるような具体的な質問をすることだ。

▼「イエス・ノークイズ」と「A or Bクイズ」

具体化の方法は二つある。一つ目は、「イエス」か「ノー」で答えられる「イエ

ス・ノークイズ」。

○質問「企画部の○○さんがこのテーマに詳しいって知ってる?」
○質問「まずは資料室へ行って、資料探しから手をつけてみる?」

二つ目は、選択肢から選ばせる「A or Bクイズ」。

○質問「前任者か課長か、どちらかにアドバイスもらいに行く?」
○質問「資料の整理をするか、ネットで関連資料を注文するか、どっちを先にする?」

最初の一歩に気づかせる質問で、チームの活性化に大きな差が生まれるだろう。

「順調みたいだけど、困ってることはない？」

相手が現状に気づけるように質問で水を向ける

こんな場面で

質問できないまま自分の理解で進めてしまっている部下や後輩がいるとき

こんな質問も

「途中経過、見せてくれませんか？」

「これから路線を調整しても、あなたならそれほど時間がかからないのでは？」

▼推進力を認めつつ質問の形で忠告する

仕事をサクサクと進めるタイプは、周囲からすると頼もしい存在だ。こういう人は、とりあえず手をつけるのが先決で、ゆっくり進めることをむしろ苦手とする。やり方が違ったら違ったでまたやり直せばいいと思っているので、とにかく仕事をこなすスピードが速い。

スピード感があるのは結構なのだが、なかには自分だけの理解で先へ進めてしまい、実は途中で方向がずれてしまっていたり、迷子状態になっているケースがある。誰かにひと言尋ねてみれば簡単に解決するようなことも、前回の仕事のやり方を踏襲すれば大丈夫と信じ、勝手に判断して進めてしまう。

そして、この段階では、もう他人には聞くに聞けなくなっている。

部下や後輩がこのような状態にあるとき、上の立場としては、要所要所で質問してほしいと考えるだろう。しかし、**サクサク進める派は、自分から質問するのは敗北宣言のように感じているふしがある。**質問は恥ずかしいことだという思い込みがあるのだ。だから、「わからないことがあったら聞いてね?」という声がけでは言動を変えることは難しい。

▼タイミングをはかった質問がカギ

ここで大切なのは、相手を認めたうえで指摘することだ。

○質問「順調みたいだけど、困ってることはない？」

「（確かに）順調そうに見えるけど（しかし）困っていることがあるように見えますが？」と、「確かに〜しかし〜」を使った質問で、**いったん相手を認めたうえで水を向けると**、相手は迷っている点や困っている点を自分から質問しやすくなる。褒めてもらえたことが担保となるわけだ。

○質問「仕上がりが楽しみで待てないから、途中経過を見せてくれる？」

こんな質問で、見当違いの方向へ突き進んでいたことが最後の最後になって発覚するという悲劇を回避できる。こうしたコミュニケーションがあれば、

○質問「これから路線を調整するとしても、あなたならそれほど時間がかからないのでは？」
○質問「ついでに気になるところがあれば、教えてくれますか？」
といった問いかけも受け入れられやすくなるだろう。

それでも自分のやり方に固執するならどうするか。強引な軌道修正を命令する前に、**タイミングをはかって現状に気づかせる質問を投げかける**しかないだろう。
○質問「もう少しプロジェクト全体の動向を見てみてもいいのでは？」
○質問「斬新な進め方だけれど、時代が追いついていないかもね？」
よきタイミングで投げかけられた質問で、はたとカン違いや過ちに気づくということがある。「あなたを見ていますよ」という思いが伝われば、本人の推進力をさらによい方向へ向かわせることができるだろう。

■5-7 ネガティブな報告・相談に対応する

「疲れてたんじゃない?」

逃げ道を作ってあげ、答えは期待しない

こんな場面で

仕事のトラブルの報告、仕事に対する不満、退社の申し出などに対応する

こんな質問も

「この段階で言ってくれてよかったよ。対策を相談しようか?」

「しんどいのはフィジカルのほう? メンタルのほう?」

▼ネガティブな相談を受けたら、質問で相手の緊張を解く

仕事相手を怒らせてしまい、上司にネガティブな報告に行かねばならないときほど気が重いことはない。言いにくいことをどう言えばいいか、思案している間にどんどん憂鬱になる。

こうした報告を受ける側も、ふいを突かれると右往左往することになりかねない。叱りたい気持ちになるのは当然だが、ここで大事なのは**お灸をすえることよりも、まずは冷静に状況を分析してあげる**ことだ。

「あなたのやり方は間違っていなかったけど、相手に対する配慮が足りない面があったんじゃない?」「○○の点で判断をミスったけど、先方の担当者も立場上こういう対応を取るしかなかったよね?」と現状を共有したうえで、

○質問「ここのところ立て込んでたから、疲れてたんじゃない?」

○質問「この段階で言ってくれてよかったよ。食事しながら対策を考えようか?」

と、**逃げ道を作ってあげる。**

本題から少しずらした質問で返すと、相手の心にゆとりを与えられるというメリットがある。答えを促そうとしなくていい。答えを期待するというよりも、ひとまず報告を受け取ったことと、状況を共有できてこちらも安堵したことを伝える。質問には、相手の緊張を解く効果もあるというわけだ。

▼質問は重ねるだけで終わってもいい

チームのメンバーから受ける最もネガティブな相談と言えば、退社願いだろう。辞めたい理由を聞けば、「この仕事に向いていないんじゃないかと思う」「以前からやりたいことが他にあって」などと相手は話すかもしれない。しかし、本当の理由は人間関係にあることは少なくない。それを言いたくないから、当たり障りのない理由でごまかしていることもある。私ならこのようなとき、

○質問「仕事がつまらないの？　それとも人間関係？　率直に言ってくれていいんだよ？」

と水を向けてみる。退職という微妙な問題の場合、どれくらい本当のことを言うかわからないが、辞めたいほどつらいという**気持ちの中心にあるものは何かに焦点を当てるような聞き方**をしていく。

そして、相手が傷つかない言葉を選ぶことを心がける。人間関係がベースにある心身の不調が理由だとしても、本人から具体的な症状名や病名が出ない場合は、こちらが憶測で使うようなことはすべきではない。

○質問「しんどいのはフィジカルのほう？　メンタルのほう？」
○質問「長期休養をとるという方法もあるよ？」

質問とは、こうして重ねるだけで終わっていいケースもある。問われることそのものが、相手の振り返りや自己発見につながるからだ。その場で決意や結論を言わせようとしない姿勢で、相手の変化を期待して待つことも大切だ。

「正反対の意見をぶつけられたら何て答える?」

「こうあらねば」にとらわれている人には、反対意見を考えさせる質問をする

こんな場面で

自分で仕事の課題を見つけられない人を動かしたいとき

「あなたの意見に、あなた自身が反対するとしたら何と言う?」

こんな質問も

「本当にその意見しか思いつかない?」

▼正解を求めることと不安は紙一重

自分の正義が、世の中の正義と信じている人がいる。これまでの人生経験で身につけた物差しが、生きていくうえでの絶対的な尺度だと信じている。ある特定の社会や集団でのルールをしっかり守れる適応力があるからこそ、周囲からはできる人だと思われている可能性が高いのだが、本当にそうだろうか。こうした人は、実は、最も頭がよくないタイプなのではないかと私は思っている。

この手の人は、あらゆる事柄に対して「こうに決まっている」と考える。生成AIの企業活用と聞けば「いいに決まっている」、あるいは「ダメに決まっている」の一択だ。新商品の企画会議で自分の案を発表し、周囲から「需要があるんだろうか?」と聞かれても、「いや、絶対に売れます!」などと言い切る。企画の問題点にすでに周囲が気づいて指摘してくれていることを察知できない。

「こうに決まっている」という考え方は、「こうあらねば」に縛られているということだ。その限定や制限がむしろ安息感をもたらしているので、縛りがない状態に放たれると、こういうタイプの人はとたんに不安になる。すがるものがなくなり、どう考え、どう動けばいいのかわからなくなる。「どうすれば間違いませんか?」

「これで合っていますか?」と、あらゆることに正解を求めるようになる。いいに決まっているものがあると信じているからだ。

間違いのない方向で進みたい、失敗したくないという人は、真面目で慎重というよい特性も持ち合わせている。だが、その特性にプラスして、視野が広がれば今よりもっと能力を発揮できるはずだ。そこで、こういう人に対しては、**反対意見を考えさせる質問で揺さぶる。**

▼新しい視点が見つかる質問で人を動かす

たとえば、生成AIの企業活用が「いいに決まっている」と言うなら、「私は反対だ。そうなると今の部署は確実に消滅すると思わない?」と挑発的に返してみる。質問の形で反対意見を示されると、相手の思考を活性化させることができる。

あえて露悪的に暴論を投げかけるという方法もある。たとえば、上司が「AIが仕事の中心になる世界って、素晴らしい世界かもしれないね?」と言ってみると、「いやそれはちょっと……」と反発し、生成AIが活用される未来について想像を巡らせるうち、新しい視点が見つかるかもしれない。**挑発的な質問を投げかけ、相**

手に考えさせて、頭の中を整理させるわけだ。

また、こちらが反対意見を示さなくても、違う視点があることを発見させるような質問はできる。

○質問「正反対の意見をぶつけられたら何て答える？」

このように聞くと、発想が一面的であると匂わせることができる。相手が自分で論点を見つけ出す手助けになり、相手の頭の中を耕してあげられる。

○質問「本当にその意見しか思いつかない？」
○質問「あなたの意見に、あなた自身が反対するとしたら何と言う？」

質問はコミュニケーションにおける救世主だ。味方につけることで、人を動かすことが可能なうえに、相手と自分に新しい視点がもたらされることもある。質問力を磨くことで私たちは、人間関係や人生を豊かなものにしていけるだろう。

本作品は当文庫のための書き下ろしです。

樋口裕一（ひぐち・ゆういち）

一九五一年、大分県に生まれる。早稲田大学第一文学部卒業後、立教大学大学院博士課程満期退学。仏文学、アフリカ文学の翻訳家として活動するかたわら、小学生から社会人までを対象にした小論文指導に携わり、独自の指導法を確立。通信添削による小論文・作文の専門塾「白藍塾」塾長。多摩大学名誉教授。MJ日本語教育学院学院長。

著書には『頭がいい人、悪い人の話し方』（PHP新書）、『小論文これだけ！』（東洋経済新報社）、『頭が悪くみえる日本語』（青春文庫）、『「頭がいい」の正体は読解力』（幻冬舎新書）、『頭の整理がヘタな人、うまい人』『頭のいい人は「短く」伝える』『頭のいい文章術』『頭のいい人は「答え方」で得をする』『頭のいい人の得する「会話術」』（だいわ文庫）等、多数がある。

だいわ文庫

頭《あたま》のいい人《ひと》は「質問《しつもん》」で差《さ》をつける

著者　樋《ひ》口裕一《ぐちゆういち》

二〇二三年一二月一五日第一刷発行

発行者　佐藤 靖
発行所　大和《だいわ》書房
東京都文京区関口一-三三-四 〒一一二-〇〇一四
電話 〇三-三二〇三-四五一一

フォーマットデザイン　鈴木成一デザイン室
本文デザイン　福田和雄(FUKUDA DESIGN)
編集協力　ものの芽企画
本文印刷　信毎書籍印刷
カバー印刷　山一印刷
製本　小泉製本

ISBN978-4-479-32075-3
乱丁本・落丁本はお取り替えいたします。
https://www.daiwashobo.co.jp

だいわ文庫の好評既刊

*樋口裕一	頭のいい人は「短く」伝える	丁寧に話しているのに伝わらない、「本題は何?」と聞かれてしまう——4行で話す、書く、読む技術で「伝え方」が劇的に変わる本。	600円 27-2 G
*樋口裕一	頭のいい人は「答え方」で得をする がっかりされない答え方、一目置かれる答え方	答え方を変えればあなたの評価は変わる!信頼され、好かれる答え方、気まずくならない答え方、一目置かれる答え方のコツを伝授!	740円 27-4 G
*樋口裕一	頭のいい人の得する「会話術」 失敗がなくなる話し方 新ルール78	「話すの苦手」はもう卒業! 口下手でも人見知りでも大丈夫! 知的に話せて信頼され親しくなれる、最強の「会話力」が身に付く本。	650円 27-6 G
樋口裕一	頭のいい文章術 もう、わかりにくい文章で損しない!	報告書もレポートも小論文も、秘伝の「文型」を使えば短く、わかりやすく、迷わず書ける!自己アピール力を最大化する文章読本。	680円 27-5 G
樋口裕一	頭の整理がヘタな人、うまい人	「言いたいことがうまく言えない」人は必読!!ポイントのつかみ方、発想法、筋道の立て方、説得方法など、あなたを変えるワザが満載。	619円 27-1 G
*ベスト・ライフ・ネットワーク	これ1冊で! 人間関係に効く「大人の語彙力」手帖	もう言葉づかいで悩まない!知的さ、思慮深さ、前向きさが伝わる大人の言い方、相手を立てる謙虚な言い回しが、シーン別でわかる本!	680円 145-5 E

*印は書き下ろし

表示価格はすべて本体価格(税別)です。本体価格は変更することがあります。